CB135498

PAIXÃO & SUBLIMAÇÃO

A HISTÓRIA DE VIRNA E MARCUS FLÁVIUS

EDITORA EME

Solicite nosso catálogo completo, com mais de 350 títulos, onde você encontra as melhores opções do bom livro espírita: literatura infantojuvenil, contos, obras biográficas e de autoajuda, mensagens espirituais, romances palpitantes, estudos doutrinários, obras básicas de Allan Kardec, e mais os esclarecedores cursos e estudos para aplicação no centro espírita - iniciação, mediunidade, reuniões mediúnicas, oratória, desobsessão, fluidos e passes.

E caso não encontre os nossos livros na livraria de sua preferência, solicite o endereço de nosso distribuidor mais próximo de você.

Edição e distribuição

EDITORA EME

Caixa Postal 1820 - CEP 13360-000 - Capivari - SP

Telefones: (19) 3491-7000 | 3491-5449

Vivo (19) 99983-2575 | Claro (19) 99317-2800

vendas@editoraeme.com.br - www.editoraeme.com.br

Ana Maria de Almeida
Josafat (espírito)

PAIXÃO & SUBLIMAÇÃO

A HISTÓRIA DE VIRNA E MARCUS FLÁVIUS

Capivari-SP

© 2017 Ana Maria de Almeida

Os direitos autorais desta obra foram cedidos pela autora para a Editora EME, o que propicia a venda dos livros com preços mais acessíveis e a manutenção de campanhas com preços especiais a Clubes do Livro de todo o Brasil.

A Editora EME mantém o Centro Espírita "Mensagem de Esperança" e patrocina, junto com outras empresas, instituições de atendimento social de Capivari-SP.

6ª reimpressão - outubro/2018 - de 8.501 a 15.500 exemplares

CAPA | André Stenico
PROJETO GRÁFICO E DIAGRAMAÇÃO | Marco Melo
REVISÃO | Rubens Toledo

Ficha catalográfica

Josafat, (Espírito)
Paixão e sublimação - a história de Virna e Marcus Flávius | pelo espírito Josafat; [psicografado por] Ana Maria de Almeida - 6ª reimp. out. 2018 - Capivari-SP: Editora EME.
192 p.

1ª edição set. 2017
ISBN 978-85-9544-024-1

1. Romance mediúnico. 2. Múltiplas reencarnações. 3. Império Romano. 4. Inquisição. 5. Incêndio no circo.
I. TÍTULO.

CDD 133.9

Sumário

Um pouco de História

Desde os primórdios, quando o nosso planeta ainda se achava em formação, o Criador deitava à Terra os gérmens da vida, dos organismos unicelulares, na forma mais simples. Após milênios de transformações no reino mineral, vegetal e animal, surge finalmente o homem, colocando-se de pé, exteriorizando o pensamento e iniciando, com a orientação e ajuda dos espíritos superiores, a sua marcha evolutiva.

Grupos organizam-se, movidos na luta constante pela sobrevivência, desenvolvendo os talentos da inteligência e construindo bases para as civilizações seguintes.

Carregando resquícios da bestialidade do passado recente e, ainda, distantes de uma diretriz moral, a força sobrepuja o sentimento de justiça, que, não obstante, cedo ou tarde, haveria de despontar disseminado por espíritos oriundos de planos elevados.

Ao longo da jornada humana, marcada pela hegemonia de diferentes culturas, o mundo conhecerá a força de uma nova civilização, o Império Romano, que perduraria por séculos, submetendo, pela espada, povos e nações da face até então conhecida da Terra, impondo-se como "centro do mundo".

Os césares - assim se denominavam os imperadores de Roma - estendem seu poder a grandes distâncias, saqueando cidades, apropriando-se de territórios e escravizando os vencidos. Seus exércitos se espalham pelo Oriente Próximo, Norte da África e pela Europa Mediterrânea, chegando também ao norte do Velho Continente.

Em meio a todo esse poderio, nasce Jesus, na Judeia, província também submetida ao jugo romano. E quando Tibério assume o trono de Roma, uma estrela brilhava no Oriente. O menino se fez homem. E andava pelos campos, anunciando um novo reino, que não viria pela espada, mas pelo amor incondicional.

Esse filho de carpinteiro, que viveria seus poucos anos na Galileia, falava do céu e da salvação, ensinando aos homens uma doutrina estranha até então, baseada no "amai os vossos irmãos, amai até mesmo os vossos inimigos, não revideis o mal com o mal, mas com o bem; perdoai até setenta vezes sete". Quem poderia entender tais ensinamentos? Crer num reino de paz e felicidade que se conquista com a prática do bem e do perdão aos inimigos?

A passagem desse homem na Terra fora breve. Após o martírio na cruz, ressurge ante Maria de Magdala, ante os discípulos, por mais de uma vez, e convoca-os aos duros testemunhos que advirão por amor do seu nome.

Fala a cada um dos seus seguidores, recomendando a Simão, aquele que o negara três vezes: *Pedro! Tu és rocha e sobre ela erguerei minha igreja.*[1]

E o apóstolo não irá fracassar dessa vez. Conduzirá as ovelhas do Senhor semeando a Boa-Nova, em toda a Judeia e também fora dela, até o sacrifício extremo em Roma, também numa cruz, mas em posição inversa. Ele erguerá a igreja espiritual do Cristo. Nos séculos seguintes, passando por Justiniano e Constantino, a igreja cristã primitiva transformar-se-á em templos de pedra, suntuosos, que ruirão ao sabor dos ventos do poder temporal.

A Igreja romana e a Idade Média

O cristianismo surge então como religião oficial, por ordem de Constantino. No lugar da Águia, que identificava a força e o poder romanos, a cruz, instrumento de martírio, será símbolo desse novo cristianismo, que em vez de luz derramará trevas nos séculos seguintes, a chamada Idade Média, mergulhando a humanidade num dos períodos mais obscuros da civilização.

As catedrais serão agora os palácios de outrora. Imensas, majestosas e cobertas de ouro, atenderão aos mesmos requintes de vaidade e orgulho e aos propósitos, mais uma vez, temporais. Pesada e negra nuvem, de arbitrariedades, irá abater-se sobre a Terra. O evangelho do Senhor estará manchado de disposições meramente transitórias, sustentadas por ambições políticas.

1. Mateus - Cap. 16 V. 18.

Convertendo decretos políticos em dogmas sagrados, o clero irá exercer o seu jugo, numa fé que abdica da razão e se impõe pela ameaça, sufocando o pensamento e o livre-arbítrio das criaturas. Agora, é a fogueira que substituirá a cruz, o circo a arena de sacrifício. Suas labaredas serão a única luz a iluminar a Igreja dos tempos medievais, afastada do verdadeiro propósito da mensagem do Cristo, que ensina amar ao próximo, da maneira como ele próprio amou.

Revolução Francesa, Napoleão, Allan Kardec

Após a idade das trevas que se abateu sobre a igreja, reencarnam na Terra Espíritos devotados e comprometidos com o progresso da civilização. Esses missionários, livres pensadores, sacudiriam as monarquias e o clero, defendendo o Direito e a Justiça. A França, berço do Iluminismo, receberá alguns desses espíritos. Durante a Revolução Francesa de 1789 levanta-se um estandarte com a tríade - Liberdade, Igualdade e Fraternidade. O idealismo francês, entretanto, virá encharcado de sangue, pavimentando o caminho para novas mudanças na Europa e no mundo.

Alguns anos após a Revolução, Napoleão Bonaparte, em vez de unir a Europa - como era a sua missão espiritual -, será nova ameaça para o Velho Continente. Após coroar-se imperador, imitará os antigos césares e sua política dominadora.

E mais uma vez, num momento conturbado do Planeta, no auge do domínio napoleônico, um rasgo de luz irá clarear a Europa no último quartel do século 19. Reencarna na cidade de Lião, em 3 de outubro de 1804, Hyppolite Leon Denizard Rivail, que adotaria mais tarde o cognome de Allan Kardec, ao apresentar ao mundo *O Livro dos Espíritos*, primeira das cinco obras que compõem a codificação espírita.

Este missionário, em curtíssimo tempo, quando comparado à grandiosidade de sua obra, retoma o evangelho de Jesus, na sua essência, agora à luz da ciência e da filosofia. Fala ao homem do seu tempo, convocando-o ao exercício da fé raciocinada, e acena com a realidade da vida além da vida, demonstrando que a penumbra e o frio do túmulo não são ponto final da existência. Derruba as muralhas dogmáticas da igreja, ofertando-nos, ao invés de um deus cruel e vingativo que inflige pesados castigos aos seus filhos, um Pai amoroso e justo. Aproxima Jesus do homem, colocando-o em sua caminhada como um divino amigo, um pastor zeloso, meigo e generoso para com suas ovelhas.

Esta filosofia de amor e esclarecimento atravessa fronteiras e chega ao Brasil. De Norte a Sul, de Leste a Oeste, alastra-se como sementeira de frutos adocicados, iluminando a Terra do Cruzeiro, que se converterá, no século seguinte, na maior nação espírita do Planeta, anunciada por Humberto de Campos como "Coração do Mundo, Pátria do Evangelho".[2]

---

2. Vide *Brasil, coração do mundo, pátria do evangelho*. De Humberto de Campos, psicografia de F. C. Xavier. FEB Editora.

Espiritismo no Brasil

Espíritos de escol, como Adolfo Bezerra de Menezes, Eurípedes Barsanulfo e Francisco Cândido Xavier, serão alavancas vivas a impulsionar a nova doutrina. Na segunda metade do século 20, o livro espírita será sublime instrumento de divulgação em todos os cantos do país e no exterior. A pena mediúnica de Chico Xavier, veículo incansável dos espíritos superiores, dará à codificação kardequiana os conhecimentos subsidiários à compreensão do mundo extrafísico. Como "carteiro" dos espíritos, Chico Xavier irá levar consolo aos corações de familiares, entregando mensagens dos seus entes queridos desencarnados.

Explicações necessárias

Querido leitor, atravessando todos os períodos acima citados, os personagens desta história trazem nos refolhos do espírito vasta bagagem. Mas cada qual é dono de um patrimônio espiritual próprio, porquanto ninguém evolui senão por conta do esforço e testemunhos individuais.

Virna, judia feita escrava de um oficial romano e depois sua esposa, tocará as fibras do seu coração, ainda cruel e refratário ao amor e ao perdão, abrindo-lhe caminhos para ascensão moral e espiritual.

Marcus Flávius, por sua vez, irá resistir ao convite amoroso da esposa, debatendo-se nos meandros escuros da vaidade e do orgulho. Em vez do amor do Cristo, dará preferência ao poder da espada, leal ao imperador e a Roma.

Mas essas almas, enlaçadas por imensurável amor, haverão de avançar juntas no rumo da perfeição. Esse amor, ainda bruto e eivado das paixões dissolutas, será submetido ao cadinho das experiências e das provações, e, como diamante arrancado da rocha, será lapidado através das múltiplas experiências na carne até converter-se num servo de Deus.

CAPÍTULO 1

Roma, 27 a.C.

Estamos no ano 27 antes de Cristo. Caio Júlio César Otávio governa absoluto sobre as nações conquistadas. Sob o título de Augustus, estende os tentáculos do poder de Roma sobre o Norte da África, Oriente Próximo, na Gália e na Germânia.

Uma das legiões, retornando de missão no Egito e Judeia, desembarca em porto do Mediterrâneo, na Sicília, e marcha sentido Norte na península itálica. Pela encosta da colina, ora lamacenta, ora ressequida pelo sol escaldante, a centúria avança em direção a Roma.

A mando do oficial, as trombetas soam o toque de recolher. Hora de abastecer a tropa, dar água aos cavalos. À frente do pelotão, apesar da poeira e do cansaço, Valério traz no rosto a expressão dos conquistadores. Dois subalternos tiram-lhe a armadura. Outro lhe oferece uma tina, para que possa refrescar a fronte grisalha.

Outro oficial, aparentando não contar mais que 25

anos, inicia a leitura do relatório da tropa. Homens, mulheres, velhos e até crianças, acorrentados, famintos e esmolambados caminham com dificuldade sob a guarda impiedosa dos soldados. Pelo menos estes eram os sobreviventes, já que muitos, moribundos, ficaram pelo caminho.

Valério estende o olhar sobre os vencidos. Um ancião ainda se mantém de pé, sustentado por duas mulheres.

- Quem é esta? - inquire o comandante, apontando uma das moças. - De onde a trouxeram?

O centurião estremece. Sabia o que significava o interesse de Valério. Durante a expedição, dera proteção à jovem, de corpo esguio, cabelos castanhos dourados. Feições encantadoras. Os belos olhos, da cor do mar, não denotam rancor, nem ódio. O que mais o impressiona é a natural altivez, não obstante a humilhação sofrida.

- Esta é Virna. De Jope, na Judeia. A cidade caiu sem resistência... Esses judeus parecem ter perdido a coragem de lutar!

O comandante gargalhou, enquanto media com os olhos o porte da escrava.

- Pelo menos, ainda dão belas escravas! - riu-se, gostosamente, acrescentando em tom sério: - Deverão agradecer a César, que é amante das artes e respeita a cultura e tradições de cada povo. Por generosidade de Augusto, os judeus poderão render culto ao seu deus e fazer suas peregrinações... Mas teremos de zelar pela ordem. Nessas comemorações, Jerusalém costuma receber até 50 mil judeus!

O centurião sorri e afasta-se. A noite cai sobre o

acampamento. E na manhã seguinte, o comboio seguirá seu destino.

Nas proximidades de Roma, Valério reúne outra vez os seus comandados para nova recontagem. Aproxima-se do centurião, põe a mão sobre seu ombro e diz-lhe em voz baixa:

– Não me passou despercebido o teu interesse pela escrava. Leve-a para tua casa. Considere como um presente meu, pelos atos de bravura em mais esta campanha.

O centurião agradece, abraçando o seu comandante. Desde aquela missão nas Gálias, quando salvara a vida do seu filho, Jonas, Marcus angariara simpatia e afeto de Valério. Um ano mais tarde, porém, Jonas cairia mortalmente ferido em outra batalha, dor ainda não cicatrizada no coração paterno.

Com Marcus Flávius, Valério havia anexado alguns reinos importantes ao Império. As conquistas compensavam, de algum modo, a perda do filho. Assim, Marcus conquistara o privilégio de estar sempre ao lado do seu comandante nas sucessivas campanhas, recebendo, dele, favores e carinho que só um pai faria a um filho querido.

Ao entrar na cidade, Marcus destaca-se do pelotão, dirigindo-se ao lar. A jovem seguiu-o em silêncio, num pequeno comboio acompanhado por dois soldados, trazendo consigo objetos, utensílios e artesanatos, como espólio de guerra. O centurião não possuía riquezas, mas vivia confortavelmente nas proximidades da cidade, com alguns escravos.

À chegada, o oficial despe a armadura e deixa que a água tépida e cristalina do banho lave a poeira e carregue as lembranças tenebrosas dos campos de batalha. Apesar dos horrores da guerra, traz a consciência tranquila de quem orgulhosamente lutou por Roma e por César.

Enquanto isso, a criadagem transporta a bagagem, sob as instruções de Elgar, o homem de confiança de Marcus. O velho servo conduz a jovem para os seus aposentos.

O banho, as roupas limpas envolvem o romano em uma sensação de bem-estar. O cansaço oriundo das noites sem dormir, ou passadas ao relento em constante vigília, fá-lo buscar o leito mais cedo, esquecendo-se de outras providências junto à criadagem.

Por diversas vezes, relembra a viagem de volta e o desejo quase imperioso de aliviar o cansaço da prisioneira, trazendo-a para sua montaria. Atitude que seria grave infração ao regimento das tropas, embora essa fosse a sua vontade.

CAPÍTULO 2

Agrippina Arcádius

Na manhã seguinte, ao despertar, o pensamento primeiro que lhe veio foi a da figura altiva e doce da escrava que trouxera para sua casa. Pretendia mandar chamá-la. Contudo, outra jovem, adentrando repentinamente o seu aposento, abafou a sua intenção.

A paixão de Agrippina pelo centurião não era segredo. Marcus contemplou o rosto jovial e não deixou de notar que ela se tornara ainda mais bela, desde que partira em missão no Egito. Filha do senador e cônsul Cláudius Arcádius, a jovem usava a influência paterna junto à corte palaciana, promovendo badaladas festas regadas ao melhor vinho produzido na região.

Naquela manhã, trajava uma túnica branca e leve que lhe descia até os pés delicados, abrigados em sandálias de couro. O traje quase esvoaçante estava preso por um broche prateado em um dos ombros. Um cinto largo dava forma ao vestido, mostrando as curvas de um corpo deveras atraente. Os cabelos negros, contrastando com a pele alva, formavam pequeninos cachos, presos num reluzente diadema.

Atirou-se sem recato nos braços de Marcus e, com trejeitos de menina mimada, exclamou:

- Marcus, seu malvado! Por que não me avisou que já havias chegado! Não perdoarei...

Sorrindo, o oficial conduziu a bela jovem, gentilmente, para fora do quarto, encaminhando-se para o jardim:

- Encontrava-me extenuado. A necessidade de repouso me levou mais cedo para o leito. Suplico teu perdão.

Agrippina pertencia a uma família abastada. O pai possuía propriedades, entre estas uma bela casa e muitos escravos. Enriquecera através da venda e compra de mercadorias. Apesar das diferenças sociais entre os dois, nutria pelo rapaz uma grande estima e alegraria muito o coração do velho genitor ver a única filha casada com o jovem centurião, cuja carreira prometia ser promissora sob a custódia de Valério.

Marcus, entretanto, não parecia retribuir da mesma forma os sentimentos de Agrippina, esquivando-se de um compromisso mais sério diante da família da jovem. Os dois caminhavam pelo jardim, quando a escrava surge repentinamente por entre as folhagens. A moça quedou paralisada. E assim permaneceu aguardando ordens.

Virna havia recuperado a suavidade e o frescor da pele. Os trajes simples, como era costume da criadagem, sem ostentação de joias ou adereços, pareciam realçar ainda mais o seu natural encanto, detalhes que não passaram despercebidos pela visitante.

– Quem é esta, Marcus? De onde veio esta mulher?

O rubor cobriu a face serena da prisioneira, e o soldado esforçou-se em emprestar à voz certo descaso, apesar do constrangimento que a situação provocara.

– É uma prisioneira. Um presente de Valério. Uma criada que vai auxiliar nos trabalhos domésticos – falou, fingindo naturalidade. Fez um gesto, e a jovem afastou-se rapidamente.

Não satisfeita com as explicações, Agrippina gritou com voz exasperada:

– Mande-a embora! Venda essa escrava. Não a quero aqui!

Tentando acalmá-la, o centurião tomou a filha do senador pela mão, conduzindo-a para o interior da casa:

– Por que uma simples criada há de te provocar tanta irritação?

E acariciando-lhe os cabelos, prosseguiu:

– Não vejo, em Roma, mulher mais bela do que tu.

Tocada no seu orgulho e vaidade de mulher, Agrippina esqueceu rapidamente a escrava. A jovem passou a tagarelar sobre os últimos acontecimentos na capital do Império. E, quando finalmente se retirou, o centurião retornou aos jardins, sentando-se em um banco de pedra. O dia passara velozmente. "O cansaço me fez dormir mais do que deveria. E esta visita consumiu o restante das horas!...", refletiu o oficial romano, enquanto a tarde caía.

Uma brisa fresca embalava os ramos esverdeados de forma graciosa. O sol, agonizando por trás dos montes, derramava filetes dourados por sobre as copas mais altas das árvores.

Talvez tocado pelo grandioso espetáculo da natureza, refletiu que a vida não era justa para os derrotados. Roma estendia seus braços poderosos não apenas ao seu redor, mas também sobre plagas longínquas, sufocando nesse abraço titânico e cruel os mais fracos, que tombavam às centenas nos campos de batalha. Suas casas eram incendiadas, suas propriedades, saqueadas, e seus filhos e filhas, quando não eram mortos, transformavam-se em escravos, de um momento para outro, pelo resto de suas vidas. Sentiu que os pensamentos o aborreciam e afastou-os, murmurando em voz alta:

– Se os deuses estão com Roma e com César, nada poderia ser diferente!

A noite agasalhou a cidade. Marcus atravessou o solar da propriedade, enquanto os criados mobilizavam-se para servi-lo. Preparada a ceia, passou a servir-se das carnes, frutas, vinho... Saboreou as iguarias que não vira por meses e meses a fio, enquanto nos campos de guerra.

O vinho fez efeito. E como ainda sentisse o cansaço das batalhas recentes, procurou o conforto do leito, adormecendo rápida e profundamente. Seu repouso, contudo, foi fustigado por pesadelos tenebrosos e insistentes. As cenas de barbárie que normalmente acompanham as batalhas sangrentas surgiram diante dos seus olhos, provocando novas reflexões, ainda durante o sono, sobre os valores da justiça, dos direitos dos povos oprimidos.

Roma crescia em grandeza e poder, à custa da crueldade e derramamento de sangue. Em cada casa saqueada, para desespero de Marcus, surgia a figura da escrava, que recebera de presente de Valério. A cada criança que era arrancada dos braços da mãe para viver longe do lar uma vida de submissão e tormentos; a cada homem que tombava transpassado pela espada romana, lá estava ela, de olhos tristonhos, como a perguntar em silêncio: Por quê?

Pela manhã, ao despertar, sentiu-se completamente extenuado, como se tivesse saído de uma batalha medonha e sangrenta. Estava confuso e, pela primeira vez na vida, não conseguiu compreender suas próprias emoções. Nunca havia questionado a si mesmo sobre sua própria consciência quanto aos serviços prestados a Roma. Qual a razão para tanta opressão? Por que Roma precisava de tantos escravos? De onde provinha o poder do Imperador? Dos deuses?

Agora, entretanto, em vez da vaidade do triunfador, recebido com honras, a ansiedade fazia seu coração bater mais forte. Tentou afastar os pensamentos, que abalavam o seu equilíbrio. Acreditava que, em companhia de Agrippina, pudesse sossegar seus pensamentos e tranquilizar o coração.

O sol se despedia da tarde, com a majestade de sempre, e, logo depois, um brilho aqui, outro acolá, e o zênite se cobriu de reluzentes estrelas. Em meio a todo esse encanto, a lua surgiu, esparramando por sobre os telhados fios de prateada luz.

Pelos passos morosos e o olhar perdido no horizonte, podemos concluir que os esforços tinham sido em vão. O centurião pisava o solar da residência com o mesmo estado de espírito. Atravessou o alpendre e o salão e se encaminhou diretamente para os jardins. Não sentia ainda necessidade de dormir, de repousar. Desejava ficar só por alguns momentos. A conversação de Agrippina, da qual não se extraía mais do que futilidades, esgotara-o sobremaneira.

O conforto do leito só o buscaria quando seu coração estivesse mais tranquilo. Temia reencontrar, durante o sono, os pesadelos que o vinham perseguindo e atormentando desde a noite anterior. Mas, para o seu espanto e surpresa, deparou-se novamente com a escrava, acariciando as flores que se recolhiam com o pôr do sol.

- Virna!

Assustada com a presença do seu senhor, a escrava curvou-se e rogou-lhe perdão pelo abuso de se encontrar onde talvez não devesse estar. Apressadamente tentou se retirar. O centurião, porém, reteve-a, pelo braço:

- Não, não vás... Fica o tempo que quiser. Eu nem mesmo te apresentei os servos desta casa...

A jovem pousou os olhos sobre os olhos do oficial e falou:

- Já conheço todos os que servem nesta casa. Elgar deu-me algumas incumbências. E uma delas é zelar pelas flores e plantas, algo que faço com prazer. Com sua orientação, vim cuidar das flores...

O seu olhar e a sua voz fizeram estremecer as fibras mais íntimas de Marcus.

- As flores - prosseguiu a jovem - trazem lembranças da minha terra, da minha casa, do lugar onde nasci e vivi até...

- Até que eu te encontrasse! - emendou o centurião,

tocando-lhe o pulso. – Poupei o ancião, bem como todos os que viviam naquela casa. Mas não temas. Nada de mal te sucederá.

A escrava recuou, constrangida. Após um instante de silêncio, retirou-se. E ao se afastar, deixou no ar cálido perfume e uma sensação de que algo havia acontecido.

O coração do oficial bateu acelerado. Ao seu redor, apenas o sussurro da brisa que acariciava as flores que, recolhidas em suas próprias corolas, adormeciam mansamente. As estrelas brilhavam intensamente no infinito. A lua, talvez, acanhada pelo esplendor que a rodeava, escondeu-se atrás de uma nuvem.

Marcus Flávius ergueu-se do banco e se encaminhou aos seus aposentos. As palavras de Virna, arrancada do seio do seu povo e das coisas que lhe eram mais caras, provocaram no centurião um sentimento de culpa. Recordou que, ao tomar a cidade de Jope[3], seus cavalos pisotearam largos canteiros floridos, enquanto Virna era dominada por seus soldados. Naquele instante, movido por estranho sentimento, impediu que a jovem fosse molestada.

Naquela ocupação, suas tropas não encontraram qualquer resistência daquele povo extremamente religioso e místico. Recordou as palavras do ancião, que se ajoelhara suplicando proteção do seu deus. Quanta opressão e crueldade em nome de Roma!

As lembranças apertaram-lhe o peito. Ao mesmo

---

3. Hoje conhecida como Jafa. É o porto mais antigo do mundo ainda em funcionamento. Nessa cidade bíblica, o apóstolo Pedro ficou na casa de Simão, o curtidor, tendo "ressuscitado" a menina de nome Tabita de dentre os mortos. (Atos 9:43-10:23).

tempo, a visão de Virna recitava-lhe um poema belíssimo, que o envolvia num halo de amor e paz. A voz doce aquietou-lhe a alma alvoroçada de guerreiro, embalando-o por toda a noite, como uma mãezinha dedicada e amorosa acalenta o filho adorado.

CAPÍTULO 3

Nas ruas de Roma

Na manhã seguinte, Marcus despertou sereno. O coração estava apaziguado. Sentia-se feliz, ainda que aquilo fosse algo estranho para ele. Relembrou alguns pedaços do sonho que o acalentara durante a noite. Bem-disposto, vestiu à moda romana e esperou que servissem.

Foi ao jardim, e como não visse a escrava, solicitou que a trouxessem à sua presença. Não demorou muito para que ela se apresentasse. Estava ainda mais bela que no dia anterior.

– Como te sentes nesta casa? – perguntou o centurião, procurando ser gentil.

– Não me sinto escrava. Mas, sim, uma visitante...

O oficial contemplou-a, embevecido. Era linda. O rosto de pele clara e macia tinha contornos suaves, e os detalhes pareciam ter sido talhados pelas mãos experientes de um escultor. Entretanto, o que o impressionava não era apenas a sua beleza física e sim uma espécie de encanto, de luz interior, que parecia extravasar dos olhos doces e profundos. Nunca sentira nada igual por outra mulher... Parecia uma deusa esculpida em pedra rara.

Num gesto que lhe pareceu ousado, tomou entre as suas as mãos trêmulas da escrava e lhe falou com uma voz quase de súplica:

- Virna... Fale-me sobre ti. De tua vida antes de ser...

O oficial interrompeu a frase. Mas Virna completou:

- Ainda pequenina, perdi minha mãe, Irene, por conta de uma febre repentina que dizimou parte da nossa gente. E pouco tempo depois, meu pai deixou a casa para acompanhar alguns mercadores da Pérsia. E nunca mais soubemos o seu paradeiro. Tenho vaga lembrança dele, mas sinto que minha mãezinha continua a meu lado.

O centurião ouvia em silêncio. Incentivou-a a continuar. E a jovem, com os olhos marejados, como se viajasse para um passado distante, prosseguiu:

- Por misericórdia do bom Deus, eu e meus dois irmãos sempre tivemos a proteção de nosso avô Josh. Nossa pequena propriedade garantia uma vida digna. Peço a Deus que tenham tido sorte igual à minha...

Marcus sentiu remorso e vontade de colocar-se de joelhos e beijar-lhe as mãos, implorando seu perdão. No entanto, rechaçou com todas as suas forças aquele pensamento absurdo e sem sentido para um patrício romano. Disfarçou a emoção, fingindo tratar-se de mera formalidade que cumpria com os novos criados da casa.

- Procurarei saber o paradeiro de teu avô e teus irmãos, se isso trouxer paz ao teu coração. Por ora, desejo que te ocupes em outras tarefas. Vejo que tens cultura e modos educados e parece conhecer bem nossa língua... – falou o oficial, disfarçando a própria emoção.

Saiu apressado, buscando nas ruas de Roma alívio para sua raiva e inquietação, caminhando a esmo. A fuga pelas vielas não aliviara a angústia que o dominava. Rumores mais fortes, porém, vindos de uma casa de banhos, chamaram-lhe a atenção.

– Ladra! Infame! Impostora... – soavam gritos.

Aproximou-se e notou que dois soldados tinham dificuldades para dominar uma jovem cigana, que se debatia ferozmente, ao passo que alguns patrícios a acusavam de roubo.

Ante a voz firme do oficial, o alarido cessou. Os soldados apresentaram-lhe a mulher, que também silenciara. Os cabelos em desalinho, os mantos sobre os ombros, anéis e braceletes, colares... E um olhar percuciente, de quem parece saber mais do que todos os mortais da Terra. Agnes era capaz de meter medo nas pessoas e a quem desafiasse os seus dons.

– Dizem que é uma impostora. Ganha a vida em troca de adivinhações... – falou um dos soldados.

– Suas profecias são mentirosas... Quero meu dinheiro de volta! –gritou um patrício, irritado.

Marcus Flávius mirou os olhos da cigana. E não conseguiu mais afastar o olhar. A mulher sorriu e falou em tom malicioso.

– Eles pedem que eu lhes veja o futuro. Mas não suportam ouvir o que os mortos têm a dizer... – riu a cigana, com ironia. – E tu, centurião? Tens coragem de ouvir o que os astros me mostram? Pois eu te digo que breve virá um rei. E será mais poderoso que todos os exércitos de Roma... Ele virá! - gritou, enquanto era levada.

Marcus estremeceu. Sentiu que a cigana falava como alguns profetas da Judeia. Queria sim arrancar toda informação que pudesse, mas teria de ser a sós, em outro momento. Ordenou que a levassem para fora da cidade, em proteção. Um dia, quem sabe, iria consultá-la. Não sentiu as horas passarem e, quando deu por si, já se aproximava o entardecer.

À noite, no conforto do leito, custou a conciliar o sono. O rosto belo e sereno da escrava o perseguia. Da mesma forma, não podia esquecer o riso irônico da cigana. No peito, o coração batia de forma acelerada. Por fim, vencido pelo cansaço físico e mental, adormeceu e se viu arremessado ao mundo estranho e fantástico, mas quase sempre verdadeiro dos sonhos.

Encontrava-se em lugar estranho e escuro e, diante de si, brumas espessas toldavam o horizonte. Subitamente, uma intensa claridade desfez o nevoeiro. A figura de Virna surgiu sorrindo docemente, estendendo-lhe as mãos. Marcus deu alguns passos em sua direção tentando desesperadamente segurá-las, mas tropeçou em um corpo estendido e sem vida, coberto de sangue. Aterrorizado, percebeu que se encontrava agora em um lugar onde deveria ter sido travada a mais sangrenta de todas as batalhas. O desespero o abraçou, porque a figura da escrava se desvaneceu nas brumas desaparecendo completamente.

Acordou sobressaltado, coberto de suor, com o coração saltando fora do peito. Levantou-se e abandonou o leito caminhando até o jardim. Tinha a respiração opressa e necessitava de ar. Sentou-se no banco onde horas antes Virna estivera ao seu lado e escondeu o rosto entre as mãos na desesperada tentativa de entender o que se passava com ele.

– Estaria enlouquecendo? – perguntou a si mesmo. – Teriam sido as noites insones nos acampamentos distantes da pátria? Ou quem sabe, os combates sangrentos?... A visão dos amigos mortos ou mutilados?

Quando ergueu a cabeça, uma centelha prateada do luar iluminou o rosto do centurião e a verdade explodiu de dentro do seu peito. Então, exclamou em voz alta:

– Eu a amo! Loucamente, desesperadamente como jamais pensei amar uma mulher! Como jamais amarei outra pessoa no mundo!

CAPÍTULO 4

Conselhos de Valério

Quando os primeiros suspiros do amanhecer expulsaram a última estrela do céu, no céu ressurgiu o Sol, soberano, despejando luz e calor sobre a cidade ainda adormecida. Marcus acordou com o alvoroço de passarinhos, no banco de pedra onde caíra fatigado.

Procurou colocar os pensamentos em ordem. Riu-se da lembrança dos últimos acontecimentos, do olhar misterioso da cigana e da descoberta quanto aos próprios sentimentos, o que arrancou um profundo suspiro do seu peito. Sorriu e pensou:

– Tenho de procurar Valério! Preciso falar com ele, abrir meu coração. É como um pai amoroso e haverá de entender meus sentimentos – pensou, enquanto os criados lhe preparavam a montaria.

As famílias abastadas do patriciado romano não residiam próximo às ruidosas vielas de comércio e do burburinho urbano. Essa região era reservada à plebe.

A herdade do comandante contava dezenas de servos. E quando Marcus Flávius foi anunciado, dois deles o acompanharam até graciosa varanda, de onde se podia ver o Tibre e as sete colinas. A tormenta que agitara a alma do romano se desfizera; velejava agora águas tranquilas.

Subiu as escadas que davam para a entrada principal e se fez anunciar por um escravo. Sua espera foi breve. Em instantes, Valério surgiu num amplo salão onde o vermelho aveludado das cadeiras contrastava lindamente com o marmoreado claro do chão.

Com um largo sorriso, estreitou Marcus em um abraço forte, exclamando:

- Tua visita só me traz alegria. Entre, Marcus.

Bateu palmas e uma escrava surgiu com duas canecas de vinho sobre uma bandeja reluzente de prata. Valério ofereceu a Marcus uma delas, enquanto servia-se da outra. Num leve movimento com a cabeça indicou o assento adornado de almofadas.

- Enfim, o que te traz a minha presença?

Marcus inclinou a cabeça, buscando palavras mais adequadas. Sorveu um gole de vinho, apertou os lábios...

- Necessito do teu conselho e do teu apoio, Valério.

O romano fixou nele um olhar interrogativo e preocupado.

- Valério! Desde que retornamos do Egito trago o coração oprimido por pensamentos que me eram até pouco tempo, completamente desconhecidos. Perguntas inexplicáveis martelaram-me incessantemente a cabeça. Estranhos questionamentos a respeito de poderosos e oprimidos. Pesadelos horrendos afugentaram minha tranquilidade, furtando-me as noites de sono. Em meio a esta violenta tempestade de emoções, vim descobrir, estupefato, a razão de toda esta horrenda batalha interior.

– Prossiga... – murmurou Valério, ante a longa pausa do centurião.

– Eu estou amando uma mulher. Este amor, Valério, é maior que o mundo, que Roma; muito maior que a minha capacidade de entendê-lo.

– Quem é esta mulher que te rouba o sossego dessa forma, cujo sentimento provocou em ti a ilusória sensação de ser maior que Roma?

– Virna... A escrava – exclamou Marcus, quase emocionado.

Valério ergueu-se e sorriu aliviado:

– Quem não amaria aquela escrava, Marcus? Sua beleza é um deleite para os olhos de qualquer homem.

Marcus Flávius colocou-se ao lado de Valério. Após sorver o restante do vinho, sussurrou:

– Não é este o tipo de amor que sinto por ela. Mas um amor muito maior... Talvez igual ao que tu sentias por Atena.

Valério parou diante da escada que dava acesso ao jardim e seu olhar ficou, por alguns instantes, perdido no horizonte. Voltou-se, então, e olhando fixamente para Marcus exclamou ríspido:

– Atena não era uma escrava!

– Mas tu a amarias ainda assim, não? – argumentou Marcus. – Não te esqueças, caro Valério, de que conheci a grandeza desse amor através das tuas próprias palavras.

– O que pretende fazer, Marcus? – perguntou o comandante.

– Quero casar-me com Virna. Quero beber dessa paixão, viver da alegria que o seu amor haverá de me oferecer, como Atena o fez, encantando cada dia da tua vida!

Valério colocou as mãos sobre os ombros de Marcus e, com um olhar de entendimento e carinho, concluiu:

– Faça o que o teu coração ordenar. O meu está contigo. Contudo, eu te aviso: terás uma terrível batalha à tua frente... Agrippina!

A que Marcus Flávius retrucou com firmeza:

– Nunca lhe fiz promessas de amor ou de um comprometimento mais sério.

– Sei, sei. Mas ela não pensa dessa forma, Marcus. É uma mulher voluntariosa e possessiva. Pense no que te disse. Agora, vá em paz.

Marcus agradeceu, abraçando o amigo, e retirou-se. Valério ficou entregue às recordações. Diante dos olhos úmidos, surgiu a figura da esposa adorada que morrera ao dar à luz o seu único filho. Alta, de corpo esguio, cabelos longos que pareciam reter os raios do sol e que lhe chegavam até a cintura e os olhos. Ah! Os olhos! Seus olhos irradiavam luz... Era admirada por todos, não apenas por sua beleza, mas também pela bondade que transbordava do seu coração. A morte a arrancara cruelmente dos seus braços na primavera dos seus 20 anos. Nunca mais amara outra mulher.

O lugar da esposa querida naquela casa era insubstituível. Um suspiro profundo e dolorido escapou do seu peito. Fixou os olhos no céu. Nuvens espessas cobriam o zênite desde o amanhecer. Repentinamente, uma chuva forte desabou sobre Roma. Valério, o bravo e destemido comandante, senhor de si nas guerras mais cruentas, não pôde conter, nos campos de batalha da vida, as lágrimas que escorreram pelo rosto marcado pelo tempo e pela saudade.

Quando se despediu de Valério e ganhou a estrada, a ansiedade imensa fazia o coração de Marcus Flávius bater loucamente. Jamais havia se sentido dessa forma, mesmo nas grandes vitórias romanas após sangrentos combates nos campos de guerra ou quando tinha nos braços mulheres lindíssimas e sensuais, como Agrippina. Era um sentimento tão profundo e verdadeiro!...

Sim, verdadeiro! Tinha certeza disso. Sentimento muito diverso das emoções fortes, mas passageiras, que já tivera em sua vida. Movido por esse entusiasmo crescente que parecia não caber dentro do peito, ao invés de retornar para sua casa, decidiu liberar os soldados que o acompanhavam. Apeou da montaria. Dali seguiria a pé para a casa de Agrippina...

Necessitava conversar com ela, com urgência, esclarecer as circunstâncias que a levaram pensar em uma relação mais séria entre os dois. E ele, Marcus, havia contribuído em muito para que a jovem pensasse dessa forma. Não se importou com a chuva repentina que encharcava suas vestes e se encantou quando as nuvens se dispersaram e, entre elas, um pedaço muito azul do céu surgiu dando passagem à luz que brotava de um sol ainda acanhado.

CAPÍTULO 5

SOMBRAS NO CAMINHO

MARCUS FLÁVIUS CAMINHOU A passos firmes, pisando de quando em quando nas poças de água que a chuva forte havia formado na estrada. Após algum tempo, que a ele passou completamente despercebido tal o estado de êxtase em que se encontrava, parou diante da casa de Agrippina e do ex-senador e agora cônsul do Império, Cláudius Arcádius.

Antes mesmo de alcançar o salão, Agrippina surgiu na entrada principal; havia escutado a voz de Marcus Flávius, quando se fizera anunciar por um dos criados. Estava exuberante, trajando como sempre uma túnica alaranjada e quase transparente; o cinto largo e rebordado construía um leve e gracioso franzido ao conjunto. Desceu os três lances da escada que levavam à entrada principal da casa. Os olhos negros brilhavam. Exclamou com o mais contagiante dos sorrisos:

– Marcus! Meu adorado Marcus! Foram os deuses

que te trouxeram a minha presença, pois me encontrava triste e saudosa... – disse, enlaçando-se nos braços do visitante.

Estático, Marcus Flávius não fez um gesto sequer para retribuir o abraço esfuziante da jovem. Ela, percebendo a frieza do centurião, afastou-se alguns passos:

– Que houve contigo, Marcus? Estás sério... O teu olhar me assusta.

– Precisamos conversar – respondeu.

Agrippina segurou-o pela mão, para que entrasse na casa.

– Não... Prefiro ficar aqui mesmo. Vamos ao terraço... – falou Marcus, procurando discrição.

– Agrippina... Suplico me ouça e apelo para o teu coração, pois me tens como amigo e generoso.

– Ah! Já sei... Meu querido! – murmurou, interrompendo. – Os deveres para com César te obrigam a deixar-me e novamente partir para novas conquistas. Tudo por Roma...

– Não! Não, Agrippina. Pelos deuses, ouça...

A voz de Marcus era quase um grito em meio ao constrangimento que o sufocava.

A jovem silenciou e inclinou a cabeça aguardando as palavras de Marcus Flávius. E elas, quando escaparam dos lábios do centurião, tiveram em Agrippina o efeito de uma violenta bofetada no rosto.

– Estou apaixonado por uma jovem e pretendo casar-me com ela o mais breve possível.

Em princípio Agrippina pensou ter escutado erroneamente o que Marcus acabara de pronunciar. Um verdadeiro redemoinho invadiu a sua mente, e ela teve impressão que desfalecia. Ergueu a cabeça e fixou os olhos em Marcus Flávius.

O jovem sentiu um calafrio percorrer sua espinha ao perceber os olhos desmesurados, injetados de sangue. Suas palavras brotaram dos lábios de carmim carregadas de espanto e de rancor.

– Após todo este tempo te esperando e tu vens dizer que vais casar-se com outra!

Marcus tentou se justificar, tomando entre as suas as mãos trêmulas e gélidas da jovem.

– Agrippina... Este amor surgiu a despeito da minha vontade. E ele é maior, muito maior do que qualquer coisa neste mundo. Não poderia enganar-te, alimentando esta ilusão.

O oficial pôs-se de joelhos diante da jovem patrícia, suplicando:

– Perdoa-me. Tenho certeza de que hás de encontrar alguém que te ame verdadeiramente como mereces.

– Quem é essa mulher, Marcus? Diz quem é essa mulher!

Marcus hesitou por alguns instantes e então balbuciou:

– Virna, a escrava.

Agrippina ergueu-se num ímpeto e empurrou o centurião, violentamente. Sua voz agora era histérica, assustadora.

– Tu me trocaste por uma escrava! Eu hei de me vingar, Marcus Flávius! Esta injúria não ficará sem resposta. O meu ódio, a minha vingança, aniquilará a tua felicidade. Eu juro! Pelos deuses, eu juro!

E em louca disparada, subiu as escadas e desapareceu no interior da casa gritando como louca.

– Eu juro! Eu hei de vingar-me dessa afronta. Eu juro!

Aos olhos de quem a visse, parecia ter perdido completamente a razão. Marcus retirou-se acabrunhado, recordando as palavras de Valério, que o havia alertado. Esperava, sim, uma reação por parte da jovem, mas não poderia imaginar que ela se descontrolasse daquela forma.

As palavras carregadas de ódio martelavam insistentemente seu coração. Entretanto, a imagem de que Virna estaria, dentro de pouco tempo, diante dele, acalmou-o.

Seu olhar doce e amoroso haveria de sossegar-lhe a alma. Apressou os passos, apagando do pensamento as ofensas e injúrias que Agrippina havia atirado sobre si. No rosto de traços firmes o sorriso e o olhar radiante que pareciam vislumbrar a verdadeira felicidade ao lado de sua amada.

CAPÍTULO 6

JURAS DE AMOR ETERNO

AO CHEGAR AO LAR, chamou por Elgar, que veio logo ao grande portão de ferro. Antigo soldado nas linhas da cavalaria romana, o velho servo estaria longe de Roma, não fosse pela afeição do centurião, que o ajudara a se tratar dos ferimentos de batalha, recuperando-o para o trabalho.

Elgar atendeu presto ao chamado de Marcus, que deu ordens para que trouxessem Virna a sua presença. Adentrou o salão, dirigindo-se para um dos aposentos privados, passando pela sala de banho. Era visível a sua agitação. E Virna percebeu que o seu amo estava alterado.

– Senhor! Às tuas ordens...

A voz da jovem soou como carícia aos ouvidos de Marcus Flávius, como se mãos delicadas dedilhassem uma harpa. Ergueu os olhos e quase emocionado murmurou, ao contemplá-la, bela, no vestido grosseiro de serva:

- Sim, Virna. Necessito falar-te. Senta-te, pois, ao meu lado.

Unindo a voz ao gesto, tomou, entre as suas, as mãos trêmulas da escrava.

- Virna... Suplico me ouças.

- Meu senhor, eu...

Marcus Flávius interrompeu-a, exclamando:

- Não sou e não serei nunca mais o teu senhor. E nem tu serás escrava minha e de ninguém. Porque eu te quero como minha esposa. Virna, eu te amo! Amei-te desde o dia em que me meus olhos te viram pela primeira vez.

A jovem escrava tinha os olhos fixos nos de Marcus. Suspirando, continha a emoção no peito. Baixou a cabeça, desconcertada. Mas o centurião, tocando-lhe o queixo, com carinho, ergueu-lhe o rosto, dizendo:

- Quero que cases comigo e sejas senhora desta casa e da minha vida. Se disseres não, respeitarei a tua vontade e, mesmo com o coração despedaçado, dar-te-ei a liberdade para que dela faças o que aprouver ao teu coração.

Lágrimas explodiram dos olhos da jovem, molhando a face cândida que a palidez tornava mais bela.

- Liberdade! Eu não quero liberdade, se não estiver ao teu lado - exclamou. - Seria tua, mesmo que não me tivesses feito prisioneira.

- Oh! Virna! - murmurou o centurião, beijando as mãos da escrava.

De olhos molhados, a jovem judia acrescentou, com emoção.

- As correntes que me prendem a ti são de um amor profundo, que desafia os séculos. Eu sempre soube...

Marcus Flávius, o bravo centurião, misturou suas lágrimas às de Virna, beijando-lhe a fronte. A meia distância, Elgar observava, feliz.

Marcus tomou Virna nos braços e levou-a ao jardim. Queria falar-lhe dos planos que vinha acalentando para ambos. A lua, testemunha singular, iluminava o céu de Roma, como um farol de luz prateada...

Como duas aves em festa no seu ninho, Marcus e Virna enlaçaram-se num beijo terno e demorado. Só então o oficial, sorrindo, acalmado por haver extravasado os sentimentos represados, lembrou-se dos últimos acontecimentos naqueles dias.

– A cigana falou de nós. Ela viu nosso futuro... – contou Marcus, acomodando a cabeça de Virna sobre seu peito. – Estranho! Disse também que virá um novo rei. Não compreendi bem suas palavras... Fez me lembrar das profecias que correm na tua Judeia.

De um salto, Virna voltou-se para Marcus, com olhar grave.

– Sim, meu amado. Meu avô Josh também profetizou a vinda do Messias. Mas o reinado daquele que virá não é aqui...

– Então César não terá de se preocupar – riu o centurião. – Ainda bem! Porque a cigana disse que esse rei será mais forte do que todos os exércitos de Roma. Se nesse reino, tu estiveres comigo. Então que ele venha... – acrescentou Marcus, feliz, enlaçando a escrava em um novo beijo.

CAPÍTULO 7

Planos de vingança

Três meses se passaram. E o coração guerreiro de Marcus se aquietou dentro do peito para vivenciar a ventura de estar ao lado de sua amada. Virna, como não poderia deixar de ser, obedecendo à índole generosa, transformou-se na esposa dedicada e carinhosa. Transbordava solicitude e afeto para com todos que a cercavam, inclusive os próprios criados, que passaram a ter por ela verdadeira adoração.

Até Valério, que trazia ainda o coração constrangido pelas preocupações que a união do filho querido com uma escrava poderia provocar, temendo principalmente pela reação de Agrippina, tomou-se de encantos por Virna.

Entretanto, Valério não estava completamente errado. Agrippina se sentia mortalmente ferida em seu orgulho. O ódio crescia dentro de si. Ao ver a filha chorar e esbravejar, o velho senador, paciente, tentou acalmar o coração da jovem, com palavras e conselhos os mais sensatos, os quais a moça, rebelde, tentava ouvir a contragosto.

– Agrippina! Minha querida... Esquece Marcus definitivamente. Arranca-o do teu coração. Ele não te ama. Aliás, nunca te amou. Podia perceber nas suas atitudes. Sentia por ti apenas um grande afeto.

– Basta, papai! Não quero ouvir conselhos. Deixa-me sozinha com a minha dor e o meu ódio.

Cláudius afastou-se acabrunhado. Adorava a filha. Mimara-a desde que ela perdera a mãe. Entristecia-o vê-la tão infeliz. Entretanto, nada podia fazer a não ser ofertar-lhe seu amor e sua paciência e aguardar que a crise de ciúmes e rancor se desfizesse com o tempo. Contudo, jamais poderia supor que o ódio por Marcus Flávius e Virna levasse a filha a cometer alguma insanidade.

Chovia. E a noite estava fria e sombria quando, da casa de Cláudius, furtivamente, Agrippina se esgueirou ao lado de uma criada. Após quase meia hora de caminhada, dois vultos aproximavam-se de uma choupana, localizada nas encostas de uma colina, próxima de pequeno bosque nos arredores da cidade.

Agrippina olhou para os lados a fim de se certificar de que ninguém as seguira e bateu à porta do casebre, entreaberta. Um rosto fino surgiu. Os cabelos grisalhos desalinhados quase escondiam a face enrugada. A expressão de Agnes era assustadora. Talvez pelos trajes, os panos em torno de si, até a cabeça, os adereços, anéis, braceletes, colares...

– O que desejam de Agnes?

Agrippina adiantou-se, respondendo:

– Sei que a senhora tem muitos clientes. Teus sortilégios são conhecidos em toda a cidade. Preciso que me dê algo que possa eliminar um inimigo, sem vestígios.

– Eu não sou assassina – murmurou Agnes, passando os dedos pelo queixo.

Agrippina tirou rapidamente das mãos da escrava um saco cheio de moedas e colocou-o nas mãos da mulher, que o abriram avidamente. Como não tivesse resposta, fez menção de levantar-se.

Nesse instante, a mulher foi ao armário. Revirou alguns frascos, tirou um deles e...

– Isso poderá resolver em 30 dias – falou Agnes, recomendando: – Bastam algumas gotas na refeição ou na bebida, durante quatro semanas... Talvez um pouco mais. É silencioso como as noites escuras de inverno e poderoso como o maior dos exércitos. Mas é preciso que seja ministrado aos poucos, lentamente. Agora vão!

Agrippina e a escrava se afastaram com passos rápidos, sem olhar para trás.

Ao chegar à casa, a patrícia romana constatou aliviada que sua ausência não fora percebida pelo pai. Entrou no quarto com a respiração ofegante e, contemplando o frasco nas mãos, vociferou:

– Eis aqui a minha vingança! Marcus e Virna haverão de pagar muito caro a humilhação e afronta à minha família!

Soltou estrondosa gargalhada, erguendo o vidro como se fosse um glorioso troféu. Depois, escondeu-o em uma caixa de joias. Completamente exaurida pelas emoções, atirou-se ao leito.

Acompanhada de espíritos igualmente atormentados, a noite de Agrippina foi sacudida por pesadelos confusos. A ansiedade, a impaciência de colocar em prática o seu tenebroso plano o mais rápido possível, eliminando assim a rival intrusa, fê-la levantar-se, apesar do sono conturbado, antes mesmo que o sol iluminasse com seus primeiros raios o céu de Roma.

CAPÍTULO 8

Serpente escondida

No desjejum, Cláudius não deixou de notar a agitação de Agrippina, que, contrariando o hábito, havia se levantado tão cedo. Perguntou-lhe, atencioso, enquanto mordia uma fruta.

– O que te fez abandonar o leito tão cedo, minha filha? Estás enferma e não me falastes?

A pergunta exasperou a jovem, cuja resposta não carregava o mesmo tom de cuidado e carinho do pai.

– Estou bem! Apenas não consegui dormir a contento. Ao contrário de ti, meu pai, que parece não ter percebido a infâmia lançada por Marcus Flávius contra nossa família.

O ancião fez um gesto de desalento com a cabeça e não encontrou ânimo para responder. Faltavam-lhe as palavras, mesmo para um homem como ele, cuja idade avançada trouxera-lhe a paciência e sabedoria para entender e aceitar as vicissitudes da vida. Temia, inclusive, que se tivessem esgotado os recursos, os conselhos... Quem sabe, alguma viagem ou a visita de um dos palacianos talvez pudessem trazer novo alento ao coração ferido da filha. Preferiu calar-se.

Diante do silêncio paterno, a jovem se retirou bruscamente de sua presença e buscou refúgio no seu quarto. Nele, contemplou embevecida a caixinha de joias onde se escondia o pequeno frasco, cujo conteúdo, entretanto, não exalava qualquer odor.

– Preciso arranjar uma forma de fazer isso chegar até a mesa daquela atrevida – pensou, ruminando planos de vingança. – Sei que não posso contar com os criados de Marcus. Mas posso usar outros meios...

Sem suspeitar da companhia de entidades invisíveis, maquinou um plano sórdido.

– Ah... Podem esperar! Minha vingança não tarda... – murmurou com macabro sorriso. – Serei, doravante, assídua frequentadora daquela casa; e quando tiver conquistado a confiança de todos, darei início ao meu plano. Darei uma festa. E Virna será convidada... Motivo? Em Roma, não faltam pretextos para juntar alguns palacianos, desde que haja bom vinho, belas dançarinas... Prestaremos uma homenagem ao velho...

Agrippina ambicionava entrar na posse dos bens da família, como única herdeira de Cláudius Arcádius. Apertando entre as mãos o pequeno frasco, gritou por Creusa, sua leal criada.

– Por que adiar, se posso dar início hoje mesmo ao meu plano? – raciocinou.

Em seguida, vestiu-se sem exagero, cobrindo os ombros com uma túnica bege atada na cintura por uma faixa estreita cor de prata e poucas joias. Dirigiu-se então à casa de Marcus Flávius acompanhada da serva.

Depois que se fez anunciar através de uma criada, adotou olhar suplicante e nos lábios o mais terno dos sorrisos. Pediria desculpas pela grosseria do último encontro. Depois, abriria os braços para Virna. Generosa, não recusaria o pedido de perdão e afeto. E assim, em pouco tempo estaria aninhada na casa, como inocente pomba, mas que na verdade estaria abrigando uma serpente!

À entrada da casa, recebida por gentil escrava, Agrippina foi conduzida até o salão. Enquanto esperava por Virna, ficou sabendo através da serviçal que o centurião se ausentara.

– Não poderia haver melhor oportunidade! – ponderou a visitante, passeando o olhar pelo ambiente.

Virna veio receber a jovem patrícia, com a simpatia e o carinho de sempre.

Diante da esposa do homem por quem se apaixonara, quase não conseguiu controlar sua fúria e ânsia de se atirar sobre ela, esbofeteando-lhe o rosto. Conteve-se, no entanto, murmurando:

– Virna, minha querida! Marcus deve ter-lhe falado ao meu respeito, imagino. Fomos muito próximos, mas nosso relacionamento não poderia resistir por mais tempo, por conta de minha posição social. Cláudius Arcádius é cônsul no prelado romano. E minha mão está reservada a um dos homens de César Augustus...

Sem saber o que dizer à visitante, Virna pediu que se sentasse, cumprimentando também a sua acompanhante. Elgar acompanhava os movimentos e modos de Agrippina. Orientou a criadagem para oferecer o melhor da hospitalidade romana à patrícia e sua acompanhante, mas não deixou de estranhar o seu comportamento.

Tentando parecer íntima e amiga, a visitante falou:

- Ah! Virna, querida! Faço-te agora uma confissão e peço que isso fique entre nós. Agora eu sei o que é o verdadeiro amor e posso te assegurar ser muito diferente do que sentia por Marcus Flávius.

E, então, quase num tom de súplica, acrescentou:

- Não recuses o afeto que venho te ofertar. Não renegues o teu perdão à mulher que, desvairada e por sentir-se rejeitada, proferiu palavras amargas e ofensas cruéis a ti e ao teu esposo.

Não satisfeita com suas palavras vazias de sinceridade, abraçou a rival, deixando que algumas lágrimas frias rolassem pela própria face. A cena era tão sórdida, que a escrava sentiu-se envergonhada. Elgar observou a distância.

Com carinho, Virna ergueu o rosto de Agrippina com as duas mãos e enxugou-lhe as lágrimas:

- Não te tortures mais. Todos cometem erros. Importante é saber reconhecê-los e modificar as próprias atitudes. E tu fizeste bem em vir visitar nossa casa. Marcus ficará muito feliz. A tua humildade comoveu-me e isso só aumenta a ventura e alegria de nossa união, que brevemente será coroada com a chegada do nosso primeiro filho.

Agrippina quase desfaleceu. Palidez intensa cobriu-lhe o rosto diante da notícia que a anfitriã, ingênua e feliz, dera-lhe quase em primeira mão. Dentro do peito, sentimentos irrefreáveis de ódio e desejos de vingança explodiram, como um vulcão em erupção.

– Aniquilarei também o rebento infeliz! – vociferou intimamente, com dissimulado sorriso.

Elgar aproximou-se com uma jarra de água fresca, enquanto a negra Cirina punha forrada cesta de tâmaras para as visitantes. Creusa ajudou a escrava, agindo sorrateiramente.

Virna percebeu a mudança de humor de Agrippina, mas imaginou tratar-se de leve mal-estar, devido ao forte calor de Roma.

– A propósito, Marcus pede desculpas pela ausência. Um chamado urgente do novo governador da Judeia pôs as tropas em estado de alerta. Marcus Flávius teve de reunir seus soldados. Eu temo pelo meu povo...

Quase indiferente às explicações, Agrippina apenas observava o ambiente, engendrando o melhor meio de pôr seu plano em prática.

– Vejo que Elgar não te deixa só nem por um instante... – falou Agrippina tentando disfarçar o impacto sofrido.

– Desde que aqui cheguei, este tem sido meu amigo e protetor, além de ajudar-me com o idioma.

Após um pouco mais de amenidades, e notando a discrição da anfitriã, pouco interessada nos burburinhos da corte romana ou das festas palacianas, Agrippina levantou-se, pretextando compromissos.

A esposa de Marcus Flávius acompanhou Agrippina e sua criada até o portão de ferro, observada a distância por Elgar. Se a pobre moça pudesse ler os pensamentos daquela que instantes atrás a abraçara em prantos, suplicando o seu perdão e o seu afeto, ficaria horrorizada com os requintes de perversidade.

– Aguardamos o teu retorno, com ansiedade – falou Virna, sem suspeitar do que ocorria.

CAPÍTULO 9

Morte misteriosa

Estabelecido o primeiro contato, tendo atraído a simpatia e confiança de Virna e da criadagem, pelo menos de parte dela, Agrippina passou, a partir daquele dia, a frequentar a casa de Marcus Flávius, aproveitando que o legionário ausentara-se do lar, por conta de compromissos e algumas solenidades palacianas.

O centurião, ao saber das visitas, ficou intrigado, colocando Elgar de prontidão. Imaginou que a moça estivesse tentando atrair Virna para os banquetes que organizava só para entreter o patriciado romano. Contudo, a desconfiança se desfez com o passar dos dias. Virna demonstrava estar feliz com as visitas que a suposta amiga lhe fazia, e isso bastava para encher o coração de Marcus Flávius de alegria.

E a cada visita, a anfitriã acabava sorvendo alguma bebida, fosse uma taça de vinho, uma xícara de chá, sempre adicionada com algumas gotas do frasco, que, disfarçadamente, era usado por Creusa.

Enquanto Agrippina se esforçava em transparecer sinceridade e afeto todas as vezes que se encontrava no lar daquele que era objeto de sua antiga paixão, Marcus refletia consigo, admirado com o desdobramento dos fatos.

- Quem diria! A amizade entre ambas surgia em momento oportuno, pois, brevemente necessitaria ausentar-se, em nova campanha no Oriente. Sossegava-lhe o peito saber que a esposa adorada não ficaria completamente só em Roma. "Até que as coisas se saíram melhor do que imaginei. Agrippina tornou-se uma companhia agradável para Virna" - pensou.

Entretanto, ajudada pela fiel escrava, a antiga pretendente prosseguia no seu plano maquiavélico de envenenar sua rival. Não havia se passado mais que uma semana, quando, numa manhã, um mensageiro da casa de Arcádius entrega um pergaminho nas mãos de Elgar. O velho senador convidava o centurião e esposa para especial ágape em sua casa, quando receberia uma comenda de César.

Marcus Flávius não se encontrava em Roma. Virna teria de decidir-se. Apesar de não apreciar os banquetes e cerimoniais, não poderia recusar o convite. Ante as insistências de Agrippina, a senhora Flávius sentiu-se quase constrangida a comparecer.

Agrippina não suportava mais esperar. A sua rival não apresentara qualquer sintoma! E já haviam se passado duas semanas. O conteúdo no frasco se reduzira à metade. Tornara-se íntima demais da sua rival. Até sua criada leal parecia simpatizar-se com Virna e o velho Elgar.

Chegara o momento da homenagem a Cláudius Arcádius, uma distinção justa para o velho senador, mas que, em outra circunstância, não passaria de mera formalidade do Império. Agrippina, porém, conseguira transformar a entrega da comenda num acontecimento social, o que era sempre do agrado das elites palacianas.

Naquela noite, Virna mostrava-se pela primeira vez à sociedade romana, o que não deixaria de atrair olhares e comentários maliciosos dos oficiais ali presentes.

Acompanhada por Elgar, Virna acompanhou as celebrações, um tanto aborrecida e enfastiada. Para não ser deselegante, aceitou a taça de vinho que Agrippina lhe estendia, solícita. Depois, outra taça trazida pela serva.

Um membro da corte palaciana, próximo de César, aproximou-se cheio de intenções:

– Como pôde Marcus Flávius deixar tão graciosa dama aventurar-se sozinha na noite romana?

– Senhor! Elgar também é parte da família. Meu esposo está agora a serviço de Roma, cumprindo seu dever. E eu cumpro outro, homenageando nosso senador Cláudius.

O galanteador afastou-se, admirado e também um pouco desconcertado. Agrippina, com uma ponta de inveja, chamou a escrava, por trás de uma coluna, e disparou raivosa:

– A infame já deveria estar morta! Não posso esperar mais tempo. Se não tiver qualquer sinal, eu mesma enforcarei aquela cigana, impostora...

– Senhora... Depois das taças que eu lhe servi, Virna talvez nem passe desta noite. Eu descarreguei quase todo o conteúdo na sua bebida...

- Se estás tão certa, por que não prova algumas gotas?

A escrava recuou.

- Por que não bebes tu mesma? Ou então, que sirva a um dos novos escravos ou mesmo a um desses anciãos, à beira da morte...

Agrippina riu dos modos da escrava e da sua estranha sugestão. Mas não desconsiderou a ideia. Do Invisível, alguns vultos olharam-se, sarcásticos. Aos poucos, as sugestões mentais iam sendo agasalhadas no coração de Agrippina.

Nesse instante, a jovem patrícia ouviu o discurso do pai, no salão. Cláudius Arcádius agradecia a comenda.

- Por Roma, por César! O que mais desejaria um legislador no alto dos seus quase 70 anos, após ter servido ao Império e ter honrado todos os seus deveres como cidadão e como pai? Se tivesse que partir nesta noite, eu partiria feliz...

- Feliz? - murmurou Agrippina, maliciosa, esboçando enigmático sorriso.

Um pensamento então passou por sua mente como um sopro. Por que não faria o teste com o próprio pai? Afinal estava tão feliz!... E quem suspeitaria da própria filha?

Viu os convivas celebrando, com vinho e acepipes, enquanto seis dançarinas bailavam ao som de flautas e tambores. O pai tinha uma taça à mão esquerda, cujo conteúdo era sorvido pouco a pouco.

Agrippina tomou o frasco da escrava e foi abraçar-se

ao velho pai. Enquanto beijava-lhe a fronte, derramou todo o conteúdo na taça que o senador segurava. E ela mesma levou-a aos lábios do pai.

– Meu querido pai... Perdoe-me as atitudes de rebeldia. Devo reconhecer que tinhas razão. De fato, aquela paixão por Marcus já se dissipou, como chuva de verão. Hoje vejo claramente que agi como menina mimada... E por isso quero que me perdoes...

Cláudius beijou a fronte da filha, emocionado, sem suspeitar das suas intenções. Sorveu a taça e ainda repetiu a dose. A emoção fora forte demais.

Subitamente, o velho senador tomba sobre a mesa. Os gritos da filha, que realmente se surpreendia, fazem parar a dança e o som das flautas e atabaques. A criadagem veio amparar o seu amo.

Um médico do palácio debruçou sobre o peito do velho senador. Tocou-lhe a artéria no pescoço, sentiu-lhe o pulso e...

– Está morto! – asseverou o médico. E a causa estava diagnosticada. O senador morrera por infarto.

Um pesado silêncio tomou a casa do patrício. Os convidados iam se retirando. E Agrippina estava entre perplexa e satisfeita. Ignorou completamente a informação do médico de que a morte de seu pai havia sido causada por um infarto fulminante e acreditou sinceramente que seu plano daria certo. A sua rival resistia mais tempo por conta da sua juventude. Afinal, o prazo estimado por Agnes era de 30 dias.

Entretanto, ela esgotara o frasco, despejando todo o seu conteúdo na taça do velho pai. Talvez precisasse de mais um vidro. Chamou a escrava, deu-lhe uma bolsa de moedas e instruiu-a na missão de comprar mais daquela poção. Que saísse à noite, para não ser vista.

CAPÍTULO 10

Prisão na noite

A semana transcorrera sem grandes novidades para os planos de Agrippina. Sua mente, porém, estava ocupada com as reformas na casa, na intenção de transformá-la num bordel para satisfazer os altos representantes de César. Com a morte do pai, podia entrar na posse de todas as propriedades e dar execução aos seus projetos. Deu ordens à criadagem para mudar a mobília, imaginando que Marcus Flávius talvez viesse morar ali, depois de consumada a morte de Virna.

O dia estava nublado e uma chuva fria e intermitente caía sobre Roma. Agrippina chamou pela serva, porque esperava voltar à casa de Marcus. Um criado veio à presença da senhora, informando que não fora encontrada. A notícia causou estranheza. Havia dois dias, a escrava não tinha sido vista na casa. Lembrou-se da missão que confiara à serva. Pensou em mandar um criado à sua procura, mas teve medo de levantar suspeitas.

– Algum sortilégio de Agnes? Talvez quisesse mais dinheiro... – pensou consigo.

Chamou um dos criados e ordenou que lhe preparasse a carruagem. Desta vez, iria só à casa de Marcus Flávius. Afinal, estava prestes a completar sua vingança.

Agrippina adentrou o interior da casa de Marcus, sem mesmo ser anunciada. O ambiente era de preocupação. Recostada numa cadeira alongada de braços recurvos, Virna sorriu e fez menção de se erguer para receber a visitante. Nesse momento, levou as mãos ao peito. No semblante, uma palidez intensa. A ex-escrava voltou a sentar-se, ofegante.

– Que se passa, querida Virna? Por acaso te encontras enferma? Queres a presença de um médico? Irei buscá-lo neste instante – perguntou Agrippina, aproximando-se e dando às palavras um tom carinhoso e preocupado. Intimamente, porém, exultava com o estado de saúde da sua rival. "Enfim, a desgraçada começa morrer", pensou.

Elgar aproximou-se da sua senhora, preocupado.

– Não te preocupes desnecessariamente comigo – respondeu Virna, esboçando um sorriso de desculpas. – É um mal-estar passageiro. O sono da noite não me foi agradável. Senti palpitações e tonturas, mas a tua presença me trará melhoras.

E voltando-se para Elgar, pediu-lhe que servisse algo à visitante.

– E onde está tua serva?

– Creusa? Está investida de novas funções. Ordenei que orientasse os criados numa ampla reforma da casa, agora que meu velho pai já não está mais conosco.

Após alguns minutos de conversação, quando Virna já demonstrava cansaço e indisposição, outro criado aproximou-se trazendo frutas e vinho numa bandeja de prata. Virna convidou a amiga a acompanhá-la na refeição, o que Agrippina aceitou prontamente. Dissimulada, falou à sua anfitriã:

– Suponho que seja um daqueles sintomas da gravidez...

– Não creio. As contrações cessaram há alguns dias. Estou esperando a presença do médico. Marcus também está retornando a Roma ainda esta noite.

Ante o estado febril de Virna, Agrippina fingiu mais uma vez, colocando à disposição o médico da sua família. Em seguida tomou da capa, beijou a fronte de Virna e prometeu voltar na manhã seguinte para visitá-la e ajudar no que fosse necessário. "Talvez seja para o seu funeral", pensou.

Nos dois dias que se seguiram Virna piorou assustadoramente. Agrippina, porém, evitava aparecer em público. Com o sumiço de Creusa, achou por bem manter-se longe da casa de Marcus Flávius. Apenas aguardaria o desfecho fúnebre para saborear os frutos da sua vingança.

Virna definhava a olhos vistos. Já não conseguia se alimentar e quase não abandonava o leito. As faces haviam perdido o rubor natural e os olhos se encontravam perdidos em negras e profundas olheiras. Assustado com o estado em que se encontrava a esposa, Marcus Flávius apressou-se em trazer outro médico, que atendia na corte de César.

Este, após examinar a paciente, minuciosamente, não conseguiu atinar com o mal que tão rapidamente lhe consumia a saúde. Considerando sua origem e alguns antecedentes na família, ponderou que Virna pudesse haver contraído a mesma doença que vitimara Irene, sua mãe. A ausência de contrações também preocupou o facultativo.

Deixou recomendações e prescreveu medicamentos. Ante o olhar apreensivo de Marcus Flávius, o médico não deu esperanças, mas que ele orasse aos deuses...

Todas as tentativas para salvar Virna do abraço da morte pareciam fracassar. Naquela manhã de inverno, a doente mal conseguia abrir os olhos. Seu estado de fraqueza era alarmante e desesperou o esposo. Necessitava do apoio de Valério, a fim de que o amparasse naquele momento grave. Ainda mais naquele momento em que o exército romano deveria partir em mais uma campanha, na qual sua Legião, sob comando de Valério, estaria engajada.

Ao entardecer, buscou a residência do pai adotivo. Valério recebeu-o com o carinho de sempre, abraçando-o e conduzindo-o ao interior da casa, ordenando aos criados que não os incomodasse e nem permitisse qualquer tipo de interrupção. Ao expressar a ordem, seu olhar grave e profundo, lembrou a Marcus Flávius momentos decisivos nos campos de guerra, embora fosse ainda um simples comandante sob as ordens dos valorosos generais romanos.

Iluminado por pequenos archotes, o local onde Valério se banhava e repousava cercado de bancos marmoreados e folhagens cujas sombras tremulavam sobre a pequena piscina, o romano colocou a mão direita sobre o ombro de Marcus Flávius e, fixando os olhos nos dele, falou.

– Marcus, filho de minha alma! Virna, tua amada esposa, está sendo envenenada, lenta e cruelmente!

O que Marcus ouvia naquele instante provocaria nele um terrível calafrio, fazendo-o desejar que aquilo fosse um pesadelo. Aturdido, o oficial deu um passo para trás e gritou:

– Que dizes! Quem seria capaz de tal monstruosidade, como esta que acabas de pronunciar?

O centurião apertou os braços de Valério, como se quisesse arrancar-lhe a língua.

– Por Júpiter! Desejas ampliar o inferno que trago dentro de mim? Venho te suplicar apoio, moribundo de dor e desespero, e tu desces sobre minhas esperanças este golpe fatal? O que te leva a afirmar tal absurdo? Acaso estás acusando algum dos meus servos?

– Sente-se! Obedeça a teu comandante. É imperioso que me ouças. Aflige-me não apenas a saúde de Virna, mas também a do filhinho que os deuses te ofertaram e que, dentro de alguns meses, abrirá os olhos para contemplar toda a glória de Roma.

Valério prosseguiu:

– Peço-te em nome do afeto que nos une que me escutes. Desde o primeiro momento em que Agrippina visitou tua casa, oferecendo amizade e esquecimento das ameaças quando declarastes o teu amor por Virna, a desconfiança se alojou dentro de mim. Eu conheço a alma humana, filho querido, melhor do que tu. Acaso não vês os meus cabelos grisalhos falarem em silêncio da jornada percorrida pelas estradas da vida e pelos campos de guerra?

Marcus estava desolado. Abaixou a cabeça e ouvia o seu comandante, quase atônito.

- Pois bem! Ordenei a Partio, meu fiel escravo de tantos anos, que seguisse Agrippina e sua serva por todos os lugares. Nada, porém, poderia te adiantar Marcus. Não possuía provas concretas que me permitissem acusá-las. Numa noite, elas foram vistas em visita à vidente Agnes. Partio não tinha certeza, mas notara que Agrippina saíra com um frasco nas mãos.

- Sim. Sim... - interrompeu Marcus Flávius, já nervoso. - Eu a prendi certa vez num tumulto na rua.

- Permita-me prosseguir por mais penoso, meu jovem. Esta cigana já foi condenada em muitos processos, mas ninguém poderia imputar-lhe provas. O importante é que prendemos Creusa, quando procurou a cigana em nova oportunidade. Dessa vez estava sozinha. Ao deixar a choupana, nós a prendemos. Ela tinha um vidro nas mãos, com um líquido esverdeado. Assustada, diante do punhal que coloquei em sua garganta, confessou então que fora comprar mais da poção com que vinha envenenando sua amada esposa.

- E quanto a Agrippina, essa maldita?

- Esta desconhece a prisão da escrava. Teme procurá-la e causar suspeitas. Por isso, acobertou até o momento a sua ausência. A pobre escrava diz que se sente arrependida, porque Virna sempre foi boa e generosa e tratava-a bem.

O semblante de Marcus Flávius, iluminado pela luz dos archotes, mais se assemelhava a uma máscara de horror. A voz de Valério soava como se viesse de longe, de muito longe.

– Volte para junto de Virna e implore aos deuses que o seu corpo jovem possa resistir aos efeitos do envenenamento, já que este foi interrompido a partir daquela noite, com a prisão de Creusa. Usarei meus conhecimentos junto ao general responsável por esta campanha a fim de que você possa ser dispensado e colocado em serviço na guarda palaciana.

Dito isto, Valério passou pelos ombros do rapaz os braços vigorosos e o conduziu até a saída da casa, afirmando:

– Marcus Flávius! Eu te dou minha palavra de que será feita a justiça. Agora vá em paz.

CAPÍTULO 11

A VIDENTE AGNES

MARCUS ESFORÇAVA-SE PARA CONCATENAR os pensamentos. O remorso, qual brasa incandescente que corrói a madeira, queimava dentro do peito ao refletir que fora tão ou mais ingênuo que Virna ao permitir que Agrippina maculasse seu lar e agredisse a esposa de forma tão cruel e covarde.

Abrira as portas para uma serpente. E a alma generosa de Virna acolhera o réptil peçonhento. Apressou os passos. Desejava abraçar o corpo exangue pela crueldade, acariciar a face pálida sem cor; beijar os olhos que já haviam perdido o brilho, a luz. Praticamente correu os últimos metros que o separavam de sua casa.

Adentrou o quarto onde, havia dias, uma criada encontrava-se em constante vigília ao lado da enferma. Caiu de joelhos ao lado da cama e segurou, entre as suas, as mãos frias de Virna. As lágrimas corriam fartas pelo rosto, molhando as mãos entrelaçadas.

– Perdão, meu amor! Perdão! – exclamou Marcus Flávius, emocionado.

Virna moveu lentamente a cabeça e repousou o olhar doce e complacente no rosto do esposo, balbuciando:

– Por que devo perdoar, se eu devo a ti toda a felicidade que eu poderia almejar?

Sua voz era débil, quase um sussurro.

– Marcus! Parto e levo o nosso filhinho comigo, que não teve as bênçãos de abrir os olhinhos para o mundo. Já há alguns dias, sei que o perdi, porque já não lhe sinto os movimentos. Prometa-me que não guardarás no teu coração revolta alguma pela minha partida. Por ter te abandonado tão cedo, quando a vida nos fazia promessas de uma jornada longa, nimbada de alegrias e realizações. Eu te amarei por toda a eternidade. Pressinto que voltaremos a nos encontrar.

O oficial romano estava desolado. Como abandonar a esposa querida naquele estado? Pensou em procurar os serviços de outro médico ou... Nesse instante, lembrou-se então de Agnes! A cigana! Se ela tinha o veneno, deveria ter o contraveneno. E se não tivesse, haveria de conseguir algo que revertesse o mal que causara. Gritou aos criados para que preparassem os cavalos. Iria com dois servos até a tenda de Agnes. Elgar cuidaria de Virna. E que orasse aos deuses.

Em minutos, o centurião e dois servos cavalgavam por um bosque às escuras, nas cercanias de Roma. A choupana podia ser identificada a distância, porque se localizava numa encosta. Subiu a cavalo e apeou, cheio de ira. Como ninguém viesse à porta, o oficial adentrou o recinto, devassando a cortina que dividia o ambiente. Deparou-se com Agnes, curvada sobre a mesa, ao lado de uma lareira.

– Já esperava tua visita, Marcus!

– Pois então já deves saber o que vim fazer aqui. Arruinaste minha vida e a felicidade no meu lar – ameaçou o centurião, já com espada em punho.

– Se queres matar-me, saibas que não temo tua espada. Mas se queres saber a verdade...

O tom e a segurança na voz de Agnes fizeram o centurião estancar o passo.

– Desembucha! Se não salvares a vida de minha esposa, queimarás com tudo que há nesta casa!

Sem alterar-se, a vidente fixou o olhar no interlocutor e falou em tom grave:

– Tua mulher está deixando este mundo, mas não foi envenenada. Aquela que tramou contra tua esposa não levou daqui nada mais que uma infusão de ervas, inofensiva. É uma velha prática dos sábios do Oriente, para aproximar as criaturas separadas pelo ódio.

– Queres que eu acredite nisso, miserável?

Nesse instante, a face de Agnes contrai-se em esgares estranhos, enquanto a voz assume timbre diferente. O centurião treme.

– Marcus... Marcus... Abaixa tua espada. Virna acaba de cumprir sua curta missão na Terra. Como também foi breve minha última existência. Minha filha amada sai dessa vida triunfante, porque conseguiu tocar-te os sentimentos. Mas que não ponhas tudo a perder...

– Quem és tu? Que dizes? – pergunta o centurião, estarrecido.

– Eu sou Irene... Novas batalhas te aguardam no mundo, filho meu. Mas já se aproxima o grande dia da Humanidade. Ele vem. O messias está vindo. Prepara-te... Adeus!

Agnes sai do transe, retomando a consciência. Recompõe-se, conservando-se em silêncio.

O semblante do centurião está claro como cera. Teria mesmo falado com os mortos? Poderiam acaso retornar do Hades?[4] Caminha até a soleira e volta-se para Agnes, em tom ameaçador:

– Por todos os deuses de Roma! E esse deus dos judeus... Ordeno que salves minha esposa e meu filho. Ou esta casa será transformada em cinzas!

Acompanhado de dois soldados, o centurião deixa o local, a galope.

4. Assim como o Hades, da mitologia grega, os romanos acreditavam num reino dos mortos.

CAPÍTULO 12

Olho por olho...

Ao adentrar a residência, o centurião nota que os criados têm os olhos baixos. Elgar já o espera, consternado. O segundo médico saíra do recinto, havia pouco, após confirmar o diagnóstico do seu colega.

Em silêncio, Marcus deixou-se ali ficar, de joelhos. Tomou a mão fria da esposa. E ainda a ouviu dizer, baixinho.

– Meu amor! Hoje minha finada mãe veio ver-me. E breve estarei com ela. Mas tu não deves perder a fé. Se tu queres honrar minha memória, sê bom para com todos e generoso para com os vencidos, como tem sido para com os criados que servem nesta casa...

A alma de Virna suavemente desprendia-se do corpo agonizante. Quando do seu peito, de forma quase silenciosa, veio o último suspiro, o centurião romano abraçou o corpo sem vida, soluçando como um menino.

A brisa da madrugada entrou de mansinho pelas janelas e acariciou a face do oficial. Ajudado por Elgar, o oficial levantou-se. Enxugou as lágrimas e ordenou que preparassem o corpo de Virna e o conduzissem ao sepulcro da família, assim que o exército romano partisse. Repousou um último e dolorido olhar para o corpo inerte, cuja serenidade no semblante contrastava com o rito dramático da morte.

Em seguida, retirou-se do quarto sem olhar para trás. Pediu que lhe trouxessem o cavalo e galopou como um louco até a casa de Agrippina. Carregava no olhar um brilho estranho, assustador. Ao se aproximar da residência que fora de Cláudius Arcádius, apeou, prendeu o cavalo em uma pequena árvore e fez o restante da caminhada a pé.

Conhecia bem a propriedade, apesar das mudanças. Não encontrou dificuldades para identificar os novos aposentos de Agrippina, tomando todos os cuidados necessários para que ninguém percebesse a sua presença. No interior do quarto, contemplou a filha de Cláudius, semiadormecida, porque ainda se preocupava com o desaparecimento de Creusa.

Ouviu os passos do centurião e voltou-se para ele, assustada. Imaginou que talvez precisasse de alguma ajuda ou até mesmo procurasse o conforto dos seus braços naqueles dias difíceis.

– Que fazes aqui, Marcus, querido? É quase madrugada.

Sentando-se à beira da cama e inclinando-se sobre Agrippina, como se fosse beijar sua face, sussurrou aos seus ouvidos.

– Venho te trazer uma notícia. Virna acaba de morrer, assassinada por ti e pela tua escrava.

Agrippina espantou-se com a revelação e balbuciou com voz trêmula e assustada.

– Estás louco? Acaso tu perdeste a razão, Marcus Flávius?

O centurião atracou o delicado pescoço, com suas mãos vigorosas, apertando-o sem piedade. O peito da vítima arquejava. Os olhos estampavam o horror da morte. Aos poucos, os sinais vitais foram desaparecendo das faces da jovem. Seus braços caíram pesadamente sobre o leito. Nos olhos de Marcus, a expressão do ódio.

O oficial ergueu-se, insensível ao quadro tenebroso diante de si. Fecha friamente os olhos da morta, arrumando os lençóis, cobrindo-a até os ombros. Em seguida, retira-se do quarto sorrateiramente, do modo como havia entrado.

Com o amanhecer do dia, o centurião apresenta-se ao seu comandante, no Forte dos Dragões, a fim de assumir posição em nova campanha a serviço do Império. Antes, porém, convocou dois dos seus subordinados, que já haviam estado com ele na choupana de Agnes, e dá-lhes instrução sumária:

– Queimem a bruxa. E tudo o que há na casa!

Valério estranhou a presença do centurião. Por que não aceitara permanecer em Roma, a serviço da Guarda Palaciana? Entretanto, ao saber da morte de Virna, entendeu as razões de Marcus. Abraçou o filho adotivo, afetuosamente. Acercou-se dele e recomendou que sossegasse seu coração.

- Não te entregues ao desânimo. Como legionário, aprendeste lidar com a morte ceifando em nossas fileiras. Mas se isso te conforta, digo-te que a escrava confessou tudo. E a prisão de Agrippina já está decretada... - falou Valério, sem imaginar que o corpo da filha de Cláudius Arcádius já esfriava havia algumas horas. Sua morte, todavia, só seria descoberta dois dias depois, por um dos criados.

Durante dois dias e duas noites, o exército romano marchou ao encontro do seu destino. Ao cair da noite do terceiro dia, violento combate foi travado nas proximidades do Mediterrâneo. Marcus Flávius, de espada em punho, não retratava mais aos olhos de Valério o soldado destemido que lutava bravamente por César. Agia como um sanguinário. Sua armadura estava respingada de sangue dos inúmeros inimigos que ele abatia implacavelmente. Não poupava os feridos. Entregava-se aos combates onde o número dos adversários era muito superior ao dos romanos.

Valério temia pelo pior, e nada, absolutamente nada, podia fazer senão assistir à insanidade do filho do coração. Após horas de cruenta batalha, Valério tomba mortalmente ferido. Marcus também é atingido por uma lança e é retirado para o acampamento dos feridos. Valério está com ele:

- Meu filho! Que triste sorte a dos legionários de César! A morte já me levou um filho, a esposa... Agora leva aquele que preencheu o vazio em meu coração. O que mais Roma pode tirar de nós?

Antes de exalar o último suspiro, Marcus estende os

braços como se quisesse tocar alguém. Balbucia angustiado o nome da esposa adorada como se ela estivesse ao seu lado naquele instante. Valério abraça o corpo frio do centurião.

Quando a batalha termina, centenas de corpos, a maioria mutilados, espalham-se pelo campo. O ar se enche de gemidos dos feridos e moribundos; um odor de morte paira no espaço tal qual uma ave agourenta. Em meio à dor, ao sangue e à morte, Roma uma vez mais se ergue vitoriosa.

No regaço de um vulto imperceptível aos olhares humanos, já desvencilhado dos liames físicos, um soldado repousa a cabeça no colo da amada, que lhe afaga o rosto:

– Marcus Flávius! Que loucura tu fizeste, meu amor? Devolver violência com violência só te afasta mais de mim. A forma como te lançastes ante o inimigo faz com que sejas recebido aqui na conta de suicida.

O soldado delira e movimenta o braço, como se estivesse brandindo a espada no campo de batalha. Virna acalma-o, osculando-lhe a fronte. O trabalho de resgate continua. Assim como Marcus, outros combatentes, que haviam tombado, são retirados e transportados para outras esferas.

Na casa do centurião, Elgar atende ao portão de ferro. Trata-se de Creusa, serva na casa de Cláudius Arcádius. Com a morte de Agrippina, a escrava fora posta em liberdade, mas já não tinha onde se abrigar, com a morte dos seus senhores. Mas fora cativada pela generosidade de Virna e de Elgar.

- Senhor! Podes receber uma velha escrava para servir nesta casa?

- Entre, Creusa. Vejo que o desejo da vidente Agnes foi realizado. Ao menos em parte. Entre. A casa é tua!

CAPÍTULO 13

Nas catacumbas

O SOL SE PÕE. A noite desce rapidamente o seu manto sobre a cidade, e o silêncio abraça Roma. Afastados do burburinho natural das casas espremidas entre as ruelas estreitas, os sepulcros são cavados nas rochas, transformando-as, umas em pequeninas, outras em largas e profundas cavernas, para derradeira morada dos mortos.

Uma tocha de chamas bruxuleantes, presa a uma das paredes, ilumina parcialmente o rosto de um homem quase ancião, de barbas longas e nevadas pelo tempo. Os traços que desenham a face deste vulto, que veste uma túnica de algodão cinzento que lhe desce até os pés, impressionam pela firmeza e austeridade.

Os olhos profundos e escuros se destacam. Contempla o grupo, alguns sentados no chão de terra fria, outros de pé e que parecem completamente hipnotizados pela figura a sua frente. Quando a voz firme e ao mesmo tempo serena pronuncia as primeiras palavras, seus olhos adquirem um brilho intenso. Uma espécie de contagiante energia envolve a todos e faz bater mais forte os corações ali presentes.

Ao mesmo tempo, o rosto do ancião se ilumina, não pelas chamas da tocha, que de quando em quando se agita movida por uma brisa que sopra suavemente pelos corredores do sepulcro, mas por uma luz que vem de dentro. Aquele homem, que lançava as redes e esperava pelos peixes, agora é um pescador de almas.

Entre os que ouvem sua mensagem, uma menina de cabelos dourados, de olhos da cor do céu, parece beber cada uma das suas palavras. Ouve-o com a mente e o coração, disposta a entregar a própria vida por amor do Mestre. Não teme por si mesma, mesmo sabendo que o irmão, soldado romano, poderia censurá-la. Acompanharia as pegadas de Simão Pedro até o último testemunho se preciso.

À saída, no entanto, era preciso cuidado, para não alarmar a soldadesca. A perseguição aos cristãos recrudescera nos últimos anos, com a ascensão de Cláudio ao trono de Roma. O velho ancião deve ausentar-se de Roma, para visitar os novos núcleos cristãos na Antioquia e na Ilha de Patmos, onde está João.

Antes, fala ainda uma vez aos cristãos romanos, lembrando que Paulo virá ter com eles, em breve.

- Porfiai pela porta estreita, em vez da porta larga das ilusões do mundo - prega o velho pescador. - Orai uns pelos outros e não vos esqueçais daquele que segue à nossa frente e aguarda-nos de braços abertos...

Pedro abraça a cada um dos irmãos. Thermutes aproxima-se do ancião, osculando-lhe a fronte. Então, todos entoam um hino em louvor a Jesus, à medida que vão se dispersando pelas ruas escuras de Roma.

Em diversas vezes, Thermutes estará reunida com os "Irmãos da Casa do Caminho", aproveitando-se das ocasiões em que sai para visitar os enfermos ou distribuir pães à plebe desamparada. A alegria da menina, associada à simpatia natural de quem tem o coração e o pensamento voltados para o bem, não dava motivo para censuras, nem dos pais, nem do irmão, que lhe cobria de mimos.

Aquelas fugas para o culto nas catacumbas, porém, representavam sério perigo para a família. Apesar dos riscos, a menina outrora escrava e agora romana fortalecia-se na fé cristã, que era propagada em toda a costa mediterrânea e agora também entre os romanos.

Os anos correm céleres. O envenenamento do imperador Cláudio abrira acirrada disputa ao trono de Roma. Numa noite fria, soldados de Nero, agindo sorrateiramente, espalham fogo por pontos estratégicos da cidade. Quando irrompem as primeiras labaredas, elas não surgem apenas em um ponto, mas em diversos lugares. Em poucos minutos, o fogaréu assume proporções assustadoras.

O pânico toma conta dos habitantes, que, pegos de surpresa, não sabem o que fazer, nem por onde fugir. Nas vielas estreitas, centenas de casas de madeira dão combustível farto às chamas, que se alastram rápida e violentamente. Gritos apavorantes de dor e pânico se misturam ao ruído ensurdecedor das labaredas crepitantes.

Ao longe, na parte elevada da cidade, em sua propriedade de campo, Nero, o imperador, contempla o resultado de sua obra. Roma arde em chamas na noite escura.

Quando finalmente o incêndio é debelado, por esforço dos próprios cidadãos, boa parte da cidade havia sido destruída, com incontáveis vidas perdidas, entre elas, os familiares do soldado Glauco. Este não podia crer no que via. O fogaréu se alastrara além dos limites calculados, atingindo propriedades que deveriam estar sob proteção.

Ao constatar a morte dos entes queridos, nos cadáveres carbonizados que se amontoavam sob os escombros, Glauco caiu de joelhos, num pranto desesperador. Imaginou tratar-se de uma vingança dos cristãos, que acendiam tochas no meio da noite para orar, em lugares escuros, longe dos olhos de César. "Como soldado de Roma, esses fanáticos tentaram contra mim e minha família", pensou raivoso.

O quadro de horror, entretanto, não se compararia aos anos seguintes, com a implacável perseguição aos cristãos, acusados por Nero de terem provocado o tenebroso e covarde incêndio. Em poucos dias, as prisões já se encontravam superlotadas de homens e mulheres inocentes.

No alojamento palaciano, destinado aos soldados, vamos encontrar Glauco com uma caneca de vinho nas mãos, falando ao companheiro de guarda, Otaviano. No semblante contraído, a expressão de um ódio sem proporções.

– Hei de ser o primeiro a lançar fogo naquelas cruzes. Quantas me forem permitidas, eu farei queimar.

Otaviano faz um gesto com a cabeça, desaprovando a atitude do amigo.

– O imperador comete mais esta insanidade, para acobertar o próprio crime. Acaso ignoras que foi Nero quem incendiou a cidade?

– Eu não creio nesta história – retrucou Glauco, irritado. E cerrando os punhos, esmurra a mesa com força: – Malditos cristãos! Aos leões e às cruzes com eles!

O circo romano está tomado pelo populacho. Duas linhas legionárias estão de prontidão. Glauco, porém, não está escalado entre os soldados que vão escoltar os cristãos na arena, o que o aborrece extremamente.

Inconformado, procura Otaviano, que estará de serviço naquela tarde, embora a contragosto.

– Queres folgar hoje, meu caro? Eu cobrirei a escala. Tu me cobrirás outro dia... Então?

– Glauco! Tua oferta é aceita! – falou o soldado, já despindo a armadura.

Enquanto isso, em completo desvario, a massa delira. Em instantes terá início a carnificina. Homens, mulheres, velhos e jovens, quase crianças, aguardam o testemunho supremo. O alarido abafa o canto que vem da masmorra. Os cristãos oram e cantam *Hosanas* ao Senhor, amparados na fé inquebrantável que alimenta as suas almas.

O rugido dos leões, famintos, faz a massa ainda mais histérica. Os primeiros cristãos são jogados na arena, diante das feras. A caça predatória tem início, para gáudio de milhares.

Nero, porém, reserva para o final um espetáculo ainda mais sórdido. Cristãos são trazidos e amarrados às cruzes fixadas na arena. Ao pé de cada uma delas, uma fogueira está preparada, só esperando, a uma ordem do imperador, que se transformem em verdadeiras tochas humanas a queimar na frente da massa ensandecida.

César faz o gesto típico, ordenando a matança. À frente da fila de soldados, de tocha em punho, Glauco é o primeiro a atear fogo nas piras colocadas ao pé de cada cruz. Começa pelo velho ancião, que parece desfalecido. O soldado repete o gesto, uma, duas, três vezes. O povo grita, excitado com o mórbido espetáculo.

Glauco sente-se triunfante. No seu coração não há lugar para piedade. Aproxima a tocha de outra cruz, da qual pende os cachos louros de uma moça, que lhe faz lembrar a irmã. Por causa daqueles cristãos, perdera Thermutes, ainda na flor dos seus 15 anos. As lembranças fazem o ódio aflorar mais forte no seu coração. Embebe a tocha no azeite, fazendo as labaredas subirem ainda mais alto.

– Estranho!... – ponderou consigo mesmo, estupefato. – Alguns destes miseráveis nem gritam. Parece que oram ao seu deus! Esta infeliz mira o céu e canta, como se uma carruagem viesse levá-la para uma viagem ao infinito.

Em poucos instantes o circo é iluminado pelas cruzes em chamas. O povo aplaude e, histérico, grita o nome de Nero. Glauco sente-se triunfador, vingado.

Quando tudo termina, e o circo é limpo dos despojos humanos, os carcereiros dividem os espólios das vítimas com os soldados. O resultado é modesto, considerando que a grande maioria constituía-se de homens simples, plebeus, com exceção de algumas figuras do patriciado romano, o que se podia deduzir dos braceletes, brasões e colares que ainda traziam com eles.

O soldado Jânus mostra aos colegas o que arrebatara para si, fazendo balançar um cordão dourado.

Glauco fixa o olhar na joia e tem a atenção despertada. Aquele cordão parece-lhe familiar.

– Jânus... Dá-me isto!

O soldado estende o braço, entregando-lhe a joia, imaginando o valor pelo qual poderia vendê-la.

Glauco procura a inscrição no pequeno camafeu na extremidade do cordão.

– Por Júpiter! Não pode ser...

Como um louco, o soldado põe-se a gritar, amaldiçoando a si mesmo. Os amigos tentam ampará-lo.

– Onde encontrou isso? – grita em desespero.

– Adônis, o carcereiro... – respondeu Jânus, desapontado.

Glauco tem o coração em sobressaltos. Em minutos está nas masmorras onde, horas antes, os cristãos oravam, aguardando o momento extremo.

Adônis reconhece a joia, sem dificuldade, e descreve a jovem que a usava. Era ainda uma menina e ali se identificara como Sara.

Glauco joga-se contra a parede, em completo descontrole. O que o soldado ignorava é que, na noite em que Nero mandara incendiar a cidade, sua irmã, Thermutes, havia sido presa nas catacumbas, juntamente com outros cristãos. A jovem padecera os tormentos nas prisões romanas por quase dois anos, sem, contudo, revelar a verdadeira identidade, para proteger a família. Tudo suportara, por amor a eles e a Jesus.

Sem suspeitar, Glauco ateara fogo contra a própria irmã. A jovem que viu orando aos céus era, pois, Thermutes. E a imagem que lhe viera à mente não era uma fantasia. Do Invisível, quais anjos do espaço, mensageiros do amor faziam o resgate daqueles espíritos no auge do seu testemunho.

Glauco sorve algumas taças de vinho. A bebida entorpece-lhe os sentidos e ele deixa cair a cabeça pesadamente sobre a madeira tosca da mesa, mergulhando em sono profundo e conturbado. As cruzes desfilam uma por uma diante dos seus olhos. Em uma delas, surge o semblante de uma jovem, devorada pelas chamas. Glauco grita apavorado quando o fogo parece querer devorá-lo também. Quer despertar, fugir daquele pesadelo horrendo. Entretanto, o excesso do vinho ingerido não o permite. Enquanto se debate, uma voz ressoa aos seus ouvidos:

– Marcus Flávius! Que fizeste? O teu ato insano e cruel há de te perseguir por muitas existências, retardando nosso reencontro. Ai de ti, meu amado. Enquanto não aceitares o amor no teu coração, tua alma não poderá fruir a ventura de um grande amor. E tuas faltas terão de ser reparadas, uma a uma, na carreira das vidas sucessivas!

Meses se passam após o terrível espetáculo do circo e a dura constatação de Glauco ao reconhecer que a própria irmã morrera naquele holocausto.

Nero ordena algumas incursões com seu exército na Numídia. Glauco está nessa campanha e parece não temer a morte. Lança-se em arriscada investida contra o acampamento inimigo e é atingido no peito por uma flecha em chamas.

A batalha traz sérias perdas para o Império. Naquele ano 68 d.C., Nero é declarado inimigo público número um pelo senado e foge mais uma vez para sua casa de campo onde se suicida. Antes, porém, manda decapitar Paulo e crucificar Pedro, que se encontram na prisão. Com a morte de Nero, Cláudio César termina a dinastia de Júlio César. E Galba assume o trono, tornando-se imperador de Roma.

Como ainda hoje, milhares de almas se levantam todos os dias da Terra para o Céu, com o fenômeno natural da morte. Como aves em revoada, essas almas procuram esferas diferentes do espaço. No caso dos apóstolos Pedro e Paulo e dos cristãos supliciados na Arena, por certo esses espíritos tinham créditos para alçar voos altos.

Glauco, no entanto, após desligar-se do corpo, mal podia divisar a claridade do dia. Sente o sangue escorrer na altura do coração. Leva as mãos ao peito e contempla-as aterrorizado, estão ensanguentadas.

– Estou morrendo! – grita, dobrando os joelhos na lama fétida. – Não! Não morri! Ainda me encontro no campo de batalha. Onde, porém, o inimigo? Não o vejo!

Gargalhadas e impropérios enchem o ar que exala

odor nauseabundo. Ergue os olhos e vislumbra uma cruz incendiada e nela uma jovem que se contorce entre gritos hediondos. Foge desesperado da tocha humana que ameaça envolvê-lo em suas labaredas. Entretanto, a visão aterradora o persegue implacavelmente.

A ferida no peito não para de sangrar. Sente dores lancinantes e sede, muita sede. Durante a fuga desesperada encontra uma gruta pequena e escura e nela entra e se encolhe abraçado a si mesmo.

O destemido centurião, que já enfrentara e aniquilara tantos inimigos no campo de batalha; o soldado romano orgulhoso e altivo, que ateara fogo sem piedade a três cruzes no circo, encontra-se agora completamente apavorado. Um suor frio se mistura à lama fétida que escorre pela face; trêmulo, ele oculta o rosto lívido no próprio regaço.

O tempo passa. Glauco, prisioneiro das circunstâncias dramáticas que envolveram seus últimos dias de vida, confina a consciência em um profundo calabouço, transformando a paisagem que o envolve no momento em um horrendo e interminável inferno.

Vamos encontrá-lo agora ainda enfurnado na gruta trevosa, completamente desesperado. Sucumbe ao sofrimento que o flagela impiedosamente. Sente-se solitário e relembra a irmã adorada. Em terrível desvario, grita seu nome:

– Thermutes! Minha irmã! Onde estás? Vê teu irmão que sofre na prisão entre a vida e a morte? Vê os tormentos mais vis que um homem pode sofrer? Para quem apelar? Quem me saciará a sede que me resseca os lábios e me queima a garganta como se estivesse em chamas? Sinto que o coração foi atravessado por uma flecha e sangra sem cessar. Mas, ai de mim que não morro! Aquela que nunca temi, imploro me tome agora em seus braços e me leve, terminando com este cruel tormento.

De repente, surge branda e azulácea luz diante do soldado. Nela materializa-se uma jovem de rara beleza que acaricia os cabelos negros de quem agora repousa sobre o seu regaço. Os olhos que parecem reter pedaços cintilantes do céu guardam uma imensa ternura, e os cabelos, como centelhas douradas, derramam-se sobre os ombros. A voz angelical pronuncia o nome do centurião com indizível doçura:

– Marcus Flávius, meu adorado. Acalma teu coração, pois que tua Virna atendeu ao teu chamado e está ao teu lado.

Ele ergueu a cabeça. Os olhos desmesurados não pareciam acreditar no que viam.

— Virna, alma de minha alma! Vieste em meu socorro? Então tu também não morreste.

Ao que ela responde, sorrindo:

– Ninguém morre, no sentido que damos às coisas materiais, Marcus... Nós nos desvencilhamos do corpo, mas a vida continua pulsante, plena e abundante!

– Como? – indagou o ex-centurião, surpreso. – Quem te enviou para que aliviasse meus sofrimentos?

Ao que Virna lhe responde com um brilho nos grandes olhos azuis.

– Jesus!

CAPÍTULO 14

Retorno à carne

A IGREJA FUNDADA POR Pedro, que Paulo fez multiplicar-se pela costa mediterrânea, fora disseminada, ao longo dos séculos, por toda a Europa. Mas já não guarda a essência da doutrina cristã. Ao se tornar religião oficial do Império, a Igreja Católica e Apostólica Romana assume estrutura sacerdotal, hierarquizada, dirigida por um líder, o papa. Em vez da águia, o poder romano agora tem o símbolo da cruz.

De perseguidos, os cristãos passam a perseguidores. Os inimigos de Roma agora serão julgados pelo tribunal da Santa Sé, um órgão inquisidor. Em vez da arena, os condenados serão levados à fogueira, como acompanhamos em um dos capítulos anteriores.

Estamos no século 16. Os primeiros dias de outono afugentam mais cedo os brandos e derradeiros raios de sol do pequeno Condado de Winnesville. Na praça principal, diante da Igreja e o prédio da Prefeitura e algumas lojas comerciais, ergue-se grande fogueira, como num funesto monumento. A população aglomera ao seu redor. Cochichos, sussurros ao pé do ouvido anunciam o dantesco espetáculo prestes a começar.

De repente, todos os olhares se voltam para as portas do templo, que se abrem de par em par. O silêncio, como um manto pesado, acoberta o populacho. Surge então, à frente, a figura altiva do inspetor Anatore, membro do Tribunal da Santa Sé, seguido do prefeito Bemon e do padre Frederic, que carrega uma cruz de madeira.

Logo atrás, uma jovem aparentando não mais que 18 anos, de estatura baixa, cabelos e olhos castanho-escuros. Traja uma túnica de algodão, branca, que desce até os pés descalços. No semblante lívido, a expressão de terror que a envolve num abraço impiedoso e cruel. Quando percebe a enorme fogueira, suas pupilas dilatam. Um grito de desespero ecoa do fundo das entranhas.

– Não! Não! Por Deus!

E como lhe faltassem forças, cambaleante, braços truculentos de dois guardiões do Santo Ofício conduzem-na até o tronco principal. Ao sentir o peso das correntes que a imobilizam, brada aterrorizada:

– Piedade, senhor padre! Misericórdia, senhor prefeito!

As autoridades inclinam as cabeças para baixo, desviando os olhos daquele rosto em súplica. Um dos soldados acende o archote que tem nas mãos e o aproxima do lenho seco, intricado arranjo de galhos, gravetos, palha e outros materiais de rápida combustão. Em poucos instantes, estrepitosas labaredas subindo às alturas começam a queimar, numa dança macabra. O corpo em chamas ilumina a noite fria e escura. Os gritos lancinantes de dor; o rosto retorcido, o odor de carne humana queimada, tudo termina tão rápido quanto começou, restando apenas um punhado de cinzas que se mistura às brasas ainda incandescentes.

Lentamente, todos se retiram, trocando comentários em voz baixa; satisfeitos, a maioria, por presenciar o que para eles representaria o fim de uma aberração humana, que acabava de se extinguir no fogo. Amedrontados outros, pelo espetáculo terrível que acabavam de testemunhar.

Antes, porém, de encerrada a execução, por entre as labaredas que já se aquietavam, depois de cumprirem medonho trabalho, um corpo se projeta e rola pela terra, tal qual um animal sangrento, deformado, que emite grunhidos terríveis de terror: é o "fantasma" de Margareth que, de olhos arregalados, contempla o que resta da fogueira e do que fora seu corpo físico, agora reduzido a punhado de cinzas.

Confusa, sem entender o que havia acontecido, volta suas costas para o cenário tenebroso do qual fora a principal personagem e dispara em desabalada carreira, adentrando pequeno bosque nas redondezas do povoado. Longe do burburinho da Praça, Margareth encolhe-se sob frondosa árvore, aquela onde costumava brincar com os irmãos. Tocando a própria carne, carbonizada, os cabelos desgrenhados e, a despeito de tudo, reconhece que está viva.

Mas é como se ainda estivesse queimando. A brisa

fria anuncia o princípio da madrugada, mas nem isso lhe alivia as dores. As sensações físicas ainda lhe repercutem no corpo espiritual, apesar de o corpo físico já não reagir aos sofrimentos que lhe são infligidos. Margareth, no entanto, tem o lúgubre aspecto de um morto-vivo.

Na Vila, com exceção da mãe e dois irmãos, ninguém ousou chorar ou rezar pela alma de Margareth. Todos aquietaram a própria consciência sob o cobertor do Dogma do Sagrado, conciliando rapidamente a mente e o coração em profundo e inconsciente sono.

Retornemos nossos pensamentos para Margareth. Debruçada sobre o próprio corpo, desperta, em sobressalto, diante de repentina luz, a princípio tênue, que vai se intensificando numa silhueta feminina. Essa luminosa figura vem a seu encontro, envolvendo-a num manto vaporoso, que, como um bálsamo, alivia-lhe as dores. As feridas parecem desaparecer. A pele retoma o viço, os cabelos se tornam outra vez sedosos.

Tomada de espanto e alegria, a moça pergunta:

- Quem sois vós? Não vos conheço! Não sabeis que vos puniriam por ajudar uma bruxa?

- Não nos podem ferir. Nem a mim, nem a ti, porquanto já não pertencemos a esse mundo. Vem comigo...

Margareth deixou-se levar, sem compreender como era transportada. Ao mesmo tempo, mergulhava em profundo torpor, despertando em região cercada de belo arvoredo e uma relva verde, muito viçosa, como nunca vira antes. Ainda não conseguira concatenar os pensamentos. Os últimos acontecimentos perfilavam diante de sua mente, de modo confuso. Lembrou-se do resgate misterioso. Teria sido raptada?

– Vejo que já te encontras bem melhor... Margareth, eu sou Virna.

– Agradeço-te, senhora, por me haver retirado das chamas. Acaso estou livre dos inquisidores?

Carinhosamente, Virna ajeitou-lhe os cabelos, tocando-lhe a fronte com ternura.

– Não temas. Agora te encontras a salvo. E tudo que deves fazer no momento é elevar teus pensamentos em gratidão a Jesus...

– Jesus? Estive orando todos esses dias, suplicando-lhe socorro. Mas não tive misericórdia, nem dos sacerdotes, nem das autoridades. Nem de Jesus, nem do Onipotente... Mas sou grata a ti.

– Todos aqui estamos a serviço de Jesus. A misericórdia divina nunca te faltou ou faltará. Confie no Pai – falou Virna, amorosa. – Agora, deixo-te aos cuidados de Morgan.

– Como assim? Estou num hospital?

– Breve terás respostas para todas as perguntas. Por ora, procura controlar a ansiedade e mantém o pensamento em Jesus, o médico de nossas almas.

Antes que pudesse formular nova pergunta, Margareth foi levada para outro recinto, conduzida por Morgan. Notou que as instalações eram muito bonitas e agradáveis. Talvez estivesse num convento dedicado à regeneração de criaturas penitentes, como ela mesma, dirigido por uma ordem religiosa mais complacente e dissidente da ortodoxia clerical da Santa

Sé. Haveria de encontrar justiça e proteção contra seus acusadores.

- Afinal, de que me acusam? Por ouvir e falar com os mortos? - meditava a jovem. - Talvez o meu confessor tenha intercedido por mim, salvando-me da fogueira na hora extrema...

CAPÍTULO 15

Fuga e vingança

Recolhida ao leito, Margareth adormeceu profundamente. Virna e dois instrutores permaneciam em vigília. Sabiam que Margareth não estava em condições de compreender o que lhe acabara de suceder. Tão logo reconhecesse a condição de desencarnada, seria tomada de revolta e sede de vingança.

Após algumas horas de sono, revirando-se no leito, a jovem começou a gemer de dores. Socorristas ministraram-lhe passes magnéticos. Margareth, porém, começava a delirar. Os olhos esbugalhados tinham cor de sangue. O ódio espumava-lhe no canto dos lábios...

– Miseráveis! Hão de me pagar... Traidores da Igreja! Eu vos perseguirei séculos a fio. Sereis atormentados, em todos os lugares, com a minha presença, e sentireis o odor da minha carne queimando. Ouvireis o trepidar da fogueira, consumindo vossas vísceras... Malditos!

Mais passes cicatrizantes. Margareth adormece outra

vez, sob o olhar de Virna, que, em prece, direciona jatos fluídicos sobre pontos localizados no seu perispírito.

Apesar de todo o esforço, porém, a paciente deixara o leito, aventurando-se, sozinha, pelos arredores da colônia espiritual. Margareth despertara sequiosa de vingança, deixando o quarto sem qualquer escrúpulo ou sentimento de gratidão. Já não sentia tantas dores, mas dentro do peito o ódio era imenso.

Num átimo, viu-se na mesma praça, palco da triste cena. Com passos firmes caminhou em direção à igreja, ruminando como um animal ferido.

– Começarei por aquele maldito padre. Conhecerá todo o meu ódio. E assim o destruirei.

Erguendo os punhos para o alto, bradou:

– Hei de atormentá-lo até que sua vida se transforme em verdadeiro inferno! Juro que o farei! Eu juro!

Devassando o silêncio da noite, entrecortado apenas pelo sussurro de forte brisa, tentou romper as portas, mas não pôde executar seu plano sinistro. Encolerizada, ergueu os punhos na intenção de esmurrá-las. Porém, para seu espanto, viu o antebraço atravessar a madeira maciça. Um sorriso macabro se desenhou nos lábios distorcidos pelas queimaduras.

– Ora! Eu estou parecendo um fantasma! – exclamou com satisfação. – Eu vi tantos... Mas não pensei que eu tivesse tantos dons e tantos poderes! Se eu soubesse disso!

Margareth penetrou os aposentos na sacristia. Do altar, olhou para os bancos vazios. Por quantas vezes ali estivera, de joelhos, ao lado dos pais e dos irmãos, a fim de suplicar ajuda? Lágrimas de tristeza e rancor rolaram pelo rosto queimado.

Um raio de luar, incidindo no santuário, clareou a imagem do Cristo, crucificado. Parecia olhar diretamente para ela. Margareth estremeceu. Uma voz doce e suave, ao mesmo tempo firme, ressoou aos seus ouvidos, fazendo seu coração bater em descompasso.

– Marcus! Marcus! Que fazes? Não vês que também ele sofreu... Ele que não tinha pecados! Apesar de preso, humilhado e martirizado, continua te amando e a todos os homens! Retorna, a fim de que as feridas da tua alma sejam curadas...

Aquela voz lhe era conhecida. Paralisada, não conseguiu dar um passo. A imagem do Cristo tocara-lhe o íntimo. Ficou estática por instantes. Sentimentos confusos. Medo, vingança, tristeza... Era preciso ser forte.

Com firmeza, caminhou até o quarto do pároco que dormia profundamente. O ventre avolumado do velho padre provocava uma espécie de sonoro ronco. A jovem aproximou-se do leito.

Flutuando acima do corpo de carne, o corpo espiritual também se encontrava em sono profundo e letárgico. Estendeu a mão e tocou de leve o rosto gorducho e vermelho. Sem conseguir êxito na tentativa de despertá-lo, refletiu que talvez o seu fantasma sentisse o toque da sua mão. Ao fazê-lo, percebeu um leve estremecimento no corpo que pairava acima do outro. Sacudiu-o com força.

Espantado, sem atinar com o que estava acontecendo, pairou na posição vertical, flutuando a alguns centímetros do chão. Mirou o vulto que o visitava, arregalando os olhos.

- Valha-me Deus!

Numa fração de segundo, o espectro retomou o corpo físico, num sobressalto. Um suor frio escorria pelo rosto do pároco. O peito arquejava. Tinha dificuldades para respirar. Sentou-se com esforço na beirada da cama. E passando a mão pelos cabelos ralos, exclamou:

- Oh Deus meu! Que horrível pesadelo veio perturbar o meu sono.

Como o pequeno aposento se encontrava mergulhado na escuridão, tateou a mesinha ao lado onde se achava a velha Bíblia e o terço. Segurando o rosário de contas, prostrou-se de joelhos. Apoiando os cotovelos sobre o leito, balbuciou as orações do terço, num misto de fervor e pavor.

Margareth a tudo assistia com um olhar de desprezo. Não satisfeita ante a deprimente situação, aproximou os lábios do rosto lívido e congestionado e vociferou:

- Isto é só o começo! Teu destino agora está em minhas mãos - falou, gargalhando histericamente. Em seguida, deixou a igreja e buscou abrigo no bosque, junto de velha choupana.

Mesmo não registrando a ameaça pelos sentidos físicos, o padre sabia, no íntimo, que a bruxa estivera ali, no seu aposento. A imagem lúgubre ficara impregnada na sua retina. Um calafrio percorreu-lhe a espinha, fazendo com que apertasse com mais força as contas do rosário. E rezou mais uma vez:

- Ave, Maria! Mãe de Deus... O Senhor é convosco...

Naquela noite, o pároco não conseguiu mais conciliar o sono. A lembrança do horrível pesadelo perturbara sua noite de sono. Resolvera então ocupar-se dos afazeres da igreja e, assim, viu o dia amanhecer.

Suspirou fundo, murmurando baixinho para si mesmo:

– Estas impressões são passageiras. Naturalmente, eu acabei me desgastando demais nesse julgamento. Bem que tentei amenizar a sentença e até intercedi em favor de Margareth. Mas o inspetor não hesitou em mandá-la para a fogueira. Todos nesta Vila estão chocados. Afinal, essa foi a primeira execução...

Tentou seguir a rotina de todas as manhãs. Banhou-se, vestiu a batina e foi ao altar, para fazer sua oração matinal. Mary Anne, a camareira, veio então informar que o desjejum estava posto à mesa. O padre então deu início a primeira e farta refeição do dia, esquecendo por instantes da visita que tivera durante o sono físico.

Apesar das semanas primaveris, o mar não muito distante empurrava ventos frios sobre a região. Nuvens carregadas se espalham pelo céu. Aos primeiros clarões do alvorecer, apesar da chuva fria e insistente, todos os moradores iniciam suas atividades de rotina. O alarido, com as repercussões da execução de Margareth, a bruxa, ainda corria de boca em boca.

No casebre da senhora Margot Winsterwood, pesava a dor e a revolta. Procurava confortar os filhos mais novos, desolados. James e John. A dor parecia ter feito morada naquela família. Oito anos antes, súbita e terrível moléstia arrebatara a vida do lenhador Bernard, dedicado esposo e pai amoroso.

Dona Margot suportava, resignada, disfarçava a tristeza concentrando-se nas tarefas da casa, mas em alguns momentos as lágrimas rolavam no rosto cansado. Os meninos agora eram os homens da casa, e teriam de cuidar do pedaço de terra e das poucas ovelhas que possuíam. A coragem para seguir vivendo vinha dos filhos: Christopher, agora com 14 anos, e Sara, com 16.

No leito, abatida, dona Margot recordou o tempo em que o lar estava completo. Margareth, desde a infância, mostrara o gênio difícil, apesar da severa educação. As atitudes arrogantes e quase grosseiras afligiam a pobre mãe e constrangiam os irmãos. Trazia os cabelos sempre curtos, despojada de qualquer tipo de vaidade, o que seria de esperar numa menina. Parecia se sentir à vontade fazendo trabalhos mais pesados.

Após completar 15 anos, começou a ser visitada por incômodas e persistentes premonições. Anunciava grandes tempestades, nevascas e até algumas tragédias no campo e na cidade, como chegara a descrever a queda de uma ponte. O fato, que viria consumar-se, culminou com a morte do senhor Walter, carregado pela correnteza do rio.

A febre que levara o bebê da senhora Virgínia, em menos de dois dias, também fora profetizada por Margareth. A menina não sabia explicar a ocorrência daqueles fenômenos, que se davam à revelia de sua vontade. O padre Frederic e o pastor Thomas, da igreja anglicana, tampouco sabiam explicar ou controlar aqueles fenômenos. A jovem já fizera algumas penitências, mas as visões pareciam ainda mais frequentes, como a do velho camponês, que fora enforcado em praça pública.

A família preocupava-se com as consequências daqueles fenômenos inexplicáveis. Por uma denúncia ao Santo Ofício, Margareth poderia ser acusada de bruxaria. Se fosse levada ao Tribunal, poderia acabar condenada à fogueira. Os boatos iam e vinham. Medo, curiosidade... A comunidade de Winnesville estava dividida. Para alguns, Margareth era santa. Para outros, uma feiticeira.

Quando o inspetor Anatore desceu do trem, na pequena Estação, o padre Frederic já esperava por ele, acompanhado de alguns oficiais da Santa Sé. Comerciantes e o banqueiro da cidade estavam satisfeitos com a presença do inspetor. Enfim, a bruxa de Winnesville seria desmascarada. Seus poderes, obra do maligno, seriam debelados para sempre.

O interrogatório teria início imediatamente. Mais um triste episódio marcaria uma fase obscura na história da Igreja, que passaria sob o nome de "caça às bruxas".

Completamente alheia aos acontecimentos, Margareth foi submetida a um inquisitório arbitrário e malicioso. Reconheceu a ocorrência dos fenômenos, que ocorriam à revelia da sua vontade. E isso bastou para que fosse condenada por sortilégios, prática de bruxaria.

– Oh meu Deus! – murmurou senhora Margot, em dolorosa recordação. – Minha desventurada filha está morta! Minha Margareth... Condenada a morrer na fogueira! Oh Meu Deus! Como um coração de mãe poderá sobreviver a lembranças tão tristes?

Christopher e Sara estão abalados. Tentam consolar a mãe, mas eles mesmos não têm forças para reagir. Uma luz, imperceptível para eles, penetra o rancho simples. Como uma brisa leve, o ambiente doméstico é tomado por um perfume, que ninguém saberia identificar. Margot, como se registrasse a presença de mensageiros invisíveis, ora a Deus, rogando misericórdia e proteção.

- Toda prece, que nasce de um coração sincero, sempre será ouvida. E de algum modo será um remédio para nossas dores... - observou Virna, enquanto distribuía fluidos balsâmicos no ambiente doméstico.

- Como confortar um coração de mãe? - argumenta Morgan.

- Não estão suficientemente preparados para entender os desígnios de Deus e Sua soberana justiça. Ademais, Marcus não renasceria neste lar, se os membros dessa família não estivessem comprometidos ou acumpliciados nos crimes do passado... - elucida a benfeitora espiritual.

Em seguida, a pequena comitiva deixa o casebre de Winnesville e ruma para esferas mais altas.

CAPÍTULO 16

O FANTASMA MARGARETH

O DIA CHUVOSO E frio despediu-se. Os últimos clarões daquela tarde enevoada desapareceram por trás dos montes verdejantes. Quando a noite surgiu, todos já haviam buscado o refúgio do lar. Após o jantar frugal, apagaram-se as velas, e o povoado ficou em completo silêncio. Todos dormiam.

Assim que a madrugada chegou, um vulto fantasmagórico atravessou novamente a praça. Caminhava agora lentamente, saboreando os momentos que iriam anteceder a continuidade do seu plano de vingança. Adentrou a igreja sem dificuldades. Já sabia como fazê-lo. Desviou o olhar do altar onde se erguia a cruz do Cristo crucificado e ganhou os aposentos do padre que ressonava a longos haustos.

Diante de seu desafeto, sacudiu o corpo erguido alguns centímetros acima do veículo material e este despertou imediatamente; tudo se repetiu como na noite anterior. Os olhos esbugalhados do velho padre que pareciam não acreditar no que viam e, depois os dois corpos se fundindo em um só. Completamente acordado, desta vez não sufocou na garganta o grito de horror. Sua voz apavorada emitiu um berro estridente que ecoou pela igreja:

- Oh, meu Deus! Oh, meu Deus! Afaste dos meus olhos esta visão... Não quero ver o mundo dos mortos. Piedade, Senhor!

Margareth sorriu sarcástica e gritou-lhe aos ouvidos, embora o padre não a escutasse.

- Imploras piedade? Por tão pouco, padre?

E olhando-o com desprezo, falou bem perto da sua fronte, provocando-lhe por todo o corpo calafrios indescritíveis.

- Se tivésseis sofrido um pouco, um pouquinho só como eu sofri. Se tivésseis as carnes queimadas como eu, com dores inimagináveis... Então, poderias clamar piedade. Mas não, vos sentis apavorado por tão pouco, pois vos afianço que é apenas o começo das vossas angústias.

Dito isto, atravessou as paredes retornando ao bosque e deixando o padre de joelhos, mãos postas, nas mais terríveis das aflições.

Dia após dia, ou melhor, noite após noite, Margareth visitou o aterrorizado vigário, atirando-lhe ao rosto sua revolta e ódio, que, com certeza, adquiria dantescas proporções. A consequência das noites insones, o pavor diante das aparições veio em forma de enormes e profundas olheiras, transformando o rosto outrora bonachão em um verdadeiro espectro.

Caminhava de ombros curvados como se carregasse o mundo inteiro nas costas. Já não sorria. Afastava-se dos fiéis, buscando o refúgio do seu quarto, onde passava horas, prostrado, de rosto no chão, implorando misericórdia. Que cessassem as visões, aqueles pesadelos horríveis, que lhe impunham terríveis aflições.

– Ah! Se ao menos pudesse falar com alguém sobre esses acontecimentos – pensava, pesaroso e angustiado. – Se ao menos pudesse falar com alguém. Por ironia, eu sou agora o confidente em busca de um confessor.

– Mas isso não seria bom para a Igreja... – meditava. – Poderão pensar que eu também estou envolvido com bruxaria. Não! Isso não!

E só de imaginar o fogo consumindo suas carnes, o padre tremia e caía em choro convulsivo e descontrolado. E assim, definhava a olhos vistos. E os boatos pelo povoado eram de que o pobre havia adoecido gravemente.

Ainda não saciada na sua vingança, Margareth voltou sua atenção para outro alvo: o prefeito. Na calada da noite, ao se aproximar, sorrateiramente, da casa do senhor Bemon, a cólera tomou-lhe por inteira. O prefeito observava as ovelhas no cercado, certificando-se, ao contá-las, de que todas ali estavam. Com um sorriso no rosto, murmurou no ouvido da esposa:

– Não fique assim, mulher. Não roubamos nada. Ganhamos as ovelhas por direito, ofertadas pelo Santo Ofício. Justo pagamento para quem denuncia aquelas que estão a serviço do maligno.[5]

5. Durante o negro período da Inquisição, os autores das denúncias, fossem fundadas ou infundadas, eram compensados pela Igreja, que confiscavam parte dos bens da família do acusado ou acusada de bruxaria, feitiços ou fosse protagonista de algum fenômeno desconhecido e inexplicável pelas ciências daquele tempo. N. A.

- Oh, meu Deus! Por quê? Por que tanta injustiça e crueldade? - exclamou Margareth, esquecendo-se de que, no passado, na pele de um centurião romano, também cometera arbitrariedades semelhantes.

A partir daquela noite, tendo ouvido a confissão do prefeito, Margareth concentrou sua vingança sobre Bemon. Afinal, não teria mais de se preocupar com o padre, que mergulhava, a cada dia, no estado de loucura. Debilitado física e mentalmente, o velho pároco já não conseguia abandonar o leito. As noites o apavoravam, tal qual um monstro visível apenas aos seus olhos, que, alongando seus tentáculos impiedosos, asfixiasse as suas forças e o seu equilíbrio.

Corriam por entre os habitantes do povoado comentários a respeito das atitudes estranhas do padre. Afirmavam uns que ele fora visto muitas vezes perambulando com uma vela nas mãos dentro da igreja, durante quase toda a noite, buscando o refúgio do leito, apenas, aos primeiros clarões do alvorecer, onde prostrado e febril se mantinha durante todo o dia.

Sim. O padre que dirigira a paróquia do povoado por tantos e tantos anos - era o que comentavam as mulheres, umas com as outras - perdera agora totalmente a razão. A demência o havia abraçado impiedosamente.

Também o prefeito, com alguns dias de perseguição a ele infligida pelo fantasma Margareth, começou a dar mostras de abatimento e neurastenia. Assustado com o que poderiam comentar a seu respeito se falasse sobre as visões da jovem queimada na fogueira, sofria em silêncio os mesmos horrores que Margareth havia imposto ao padre. A esposa indagava o que o afligia, que, havia quase uma semana, acordava durante a madrugada, visivelmente assustado. Perdera completamente o apetite.

Olheiras escuras e profundas circundavam os olhos outrora perspicazes do prefeito no rosto macerado pelas seguidas noites de insônia. Ele respondia grosseiramente dizendo que se preocupasse apenas com os afazeres da casa, e a esposa, submissa, calava-se apesar da certeza de que algo muito ruim estava roubando a tranquilidade e a saúde do esposo.

Certa tarde, quando o sol quedava-se de mansinho no horizonte, derramando suas derradeiras e douradas centelhas por entre as folhagens do bosque, o fantasma, encolhido, com a cabeça repousada sobre os próprios joelhos que abraçava, sentiu que uma enorme saudade envolvia sua alma ferida e acabrunhada. A solidão visitava o refúgio, onde se exilara, desde o tenebroso espetáculo da fogueira consumindo suas carnes. Percebera que o uso do manto fluídico que o bondoso espírito lhe ofertara fizera com que suas feridas tivessem iniciado um processo de cicatrização.

A certeza de que conhecia, sem saber de onde e quando, aquele espírito que se debruçara sobre suas dores físicas e tentara apaziguar sua alma conturbada, completamente envolvida pelo torvelinho do ódio e dos desejos de vingança, aliviava as dores da sua alma. Afastou os pensamentos da visão generosa que viera em seu socorro e decidiu visitar a família.

– Sim... Se por acaso me virem, não ficarão horrorizados com meu aspecto – pensou consigo.

Quando chegou ao saudoso e querido lar, o sol já havia se posto e a noite de mansinho trazia consigo uma multidão de estrelas, como se a natureza festejasse o fim do dia, esparramando milhares de pontinhos prateados pelo céu.

Aconchegou-se ao irmão, que transportava gravetos de lenha para o interior da casa. Ele não registrou sua presença. A mediunidade de que fora portadora não fora identificada nos outros membros da família, pelo menos até então. Mesmo assim, tentou manifestar sua presença.

No quarto materno, encontrou Margot a orar, de joelhos, à cabeceira da cama. Acariciou-lhe os cabelos. E a senhora Winsterwood acusou o toque da filha desencarnada. As lágrimas correram pela face. Ofegante, parecia respirar com dificuldade, como se tenazes lhe comprimissem o peito dolorido.

Margareth afastou-se, consternada. A irmã trazia um vaso com água, para preparar o jantar. Desta vez, a mediunidade de Sara, ainda não manifestada até então, deu um sinal. Soltou pavoroso grito, deixando cair o vaso, que se espatifou no chão.

Christopher correu, adentrando a casa. Margot ouviu o grito da filha e foi à cozinha. Sara tinha os olhos fixos num ponto da parede, como se em estado de choque.

– Ela esteve aqui... Eu a vi! – exclamou a jovem, apoiando-se nos braços do irmão. – Diga-me, mãezinha, que não sou bruxa! Não quero ser queimada viva! Não quero!

Margareth sentiu-se mal. Recuou até a porta, constrangida. Não esperava por aquela reação. Ao mesmo tempo, compreendeu que não pertencia mais àquele mundo. Chorou, amarga e copiosamente. Queria ajudar a família, mas não tinha meios de fazê-lo. Afastou-se do local, na direção do velho bosque. O sentimento de ódio e revolta ainda lhe perturbava. Queria esquecer, mas não podia. Ainda tinha sede de vingança.

Nesse momento, notou outros fantasmas, como ela mesma, vagando no velho bosque, região que o Condado de Winnesville reservara para sepultamento de judeus, protestantes, criminosos e excomungados da Igreja, como ela mesma, os condenados à fogueira. Um deles pareceu-lhe familiar. Era o irlandês Davidson, executado em praça pública, como criminoso comum. Os bens da família haviam sido confiscados. Mas nenhuma prova fora apresentada para as acusações feitas contra o velho camponês.

– Vejo que temos visita... Ora, ora! Esta não é uma das meninas do velho Bernard Winsterwood? Mais um para o nosso grupo!

– Lembro que foste amigo da minha família. Meu pai, que deve estar em melhor lugar, falava de ti, com respeito e simpatia.

– Bernard... Sim. Ele não merecia sofrer como nós... Deve estar do lado da luz. Mas nós... Nós ainda não merecemos a mesma sorte!

– Não me admiro que tenhas sido levada à fogueira – gritou outra, levantando-se de uma gruta. – Eu também queimei como tu. E desde então venho assombrando esta cidade. Se acaso buscas vingança, tens aqui uma aliada...

Margareth compadeceu-se daquelas criaturas. Mas não pretendia demorar-se ali. Lembrou-se que fora socorrida e retirada de um vale de sombras. Mas, por rebeldia, estava de volta à crosta... Nesse instante, diáfano como a luz, surgiu o vulto de uma mulher. Estendendo-lhe as mãos, sussurrou:

– Marcus... Devolver o mal com o mal jamais poderá trazer paz ao teu coração. Jesus também padeceu, na cruz, a ingratidão dos homens. E ainda assim perdoou os seus algozes. Convidou os que se encontram sobrecarregados a andar com ele, e que assim nossas dores terão alívio, porque o seu jugo é suave, seu fardo é leve. Vem, meu amado...

– Não, não posso... Esses covardes hão de pagar pelo que fizeram. Quantos mais terão de queimar? Como garantir que não farão o mesmo à minha mãe e meus irmãos?

Margareth resistia ao convite amoroso, mas não podia resistir à ternura do espírito amigo. As gargalhadas e o alarido do bosque foram ficando mais distantes. Sem o perceber, era transportada para outra região do espaço.

Ao dar-se conta de que estava amparada, perguntou:

– Quem és tu? Por que te interessas tanto por meu bem-estar?

– Eu sou Virna... Vim te buscar. Por mim e por intercessão daqueles que oram por ti. Vem comigo...

CAPÍTULO 17

Na França dos Bourbons

A reencarnação de Marcus Flávius, como Margareth, na região norte da Bretanha, dá-nos uma pálida ideia das crueldades cometidas em nome da "Santa Igreja".

Ao renascer num meio católico, trazendo no perispírito uma estrutura apropriada aos médiuns de efeitos físicos[6], Margareth sofrerá do mesmo preconceito que, por muitos séculos, fez brandir sua espada de centurião romano.

E assim, a Igreja atravessou séculos, afastando-se da verdadeira essência dos ensinamentos do mestre Jesus. Ressurge do período denominado Idade das Trevas, que, embora com menos requintes de crueldade, continuou sustentada sobre os alicerces de hipocrisia e interesses políticos.

Na sociedade francesa do século 18, o clero será um

6. Vide *O Livro dos Médiuns*, de Allan Kardec. Capítulo 25.

dos alvos dos revolucionários, que se lançarão também contra a nobreza e a monarquia. A Revolução Francesa, iniciada com a queda da Bastilha, em 1789, tem grande significado para a nossa História, estabelecendo o marco que encerra a Idade Moderna e inicia a chamada Idade Contemporânea.

E é para a França que viajamos agora, caro leitor, para acompanhar mais uma etapa da trajetória de Marcus Flávius.

O que os bons espíritos terão programado para sua nova incursão na carne? Estamos numa noite de outono de 1769. Sopra uma brisa fria. O céu, pouco a pouco, é iluminado pelas estrelas, e uma lua aparece tímida, entre uma e outra nuvem. Paris, assim como toda a França se ressente da exaustão que toma conta do povo. A miséria cresce assustadoramente; com ela, a fome, a peste e a revolta.

Acerquemo-nos daquele casebre, de três cômodos. Sobre pequeno catre, uma jovem encontra-se prestes a dar à luz o primeiro filho. Não aparenta mais de 16 anos, apesar da face contraída pela dor do trabalho de parto. Curvada sobre ela, com um pedaço de pano umedecido a enxugar-lhe a fronte suada pelo esforço, sua irmã, três anos mais velha, Josephine.

- Henriete, minha querida! Tenha paciência. O primeiro filho sempre demora a nascer... - sussurra nos ouvidos da jovem mãe. E, sorrindo, acrescenta: - Logo terás o teu filhinho em teus braços!

- Não tenho mais forças - respondeu a jovem entre soluços. - Por quantas horas estou aqui, nesta aflição, sem que nada aconteça! Preciso de um médico. Sinto que há alguma coisa de errado comigo e com o bebê... - fala a jovem, entre gemidos.

Josephine tenta acalmá-la:

- Não diga bobagens, irmãzinha... Além do mais, você sabe que não temos um centavo sequer.

- Josephine!

Uma voz cansada chama do outro cômodo. A moça ergue-se com rapidez e vai ao encontro da mãezinha. O reumatismo severo e implacável havia lhe roubado os movimentos, incapacitando-a de andar. Havia dois anos, Pauline vivia presa ao leito, sem poder ajudar a filha nos afazeres domésticos e na costura, única fonte de renda para sobrevivência da família.

Com voz lacrimosa perguntou, estendendo as mãos para a filha.

- Como está Henriete? Ah! Eu bem que adverti sobre aquele rapaz. René só queria tirar proveito da sua beleza e da sua mocidade. Agora, veja só no que deu!... - lamenta-se a senhora, resmungando contra a sorte.

Josephine aperta as mãos magras da mãezinha. Viúva, com as filhas ainda pequenas, tivera de enfrentar trabalho duro, debruçada sobre a máquina de costura, de onde tirava o pão de cada dia. Ofício que Josephine aprendera cedo, na adolescência, auxiliando a mãe nos serviços da casa e no acabamento dos vestidos.

Henriete, porém, privilegiada com os atributos da beleza, mostrou-se voluntariosa e arredia às responsabilidades. Quando o jovem de abastada família surgiu em sua vida, apaixonou-se por ele perdidamente. Ingênua, deixou-se seduzir pelos galanteios e promessas de uma vida futura, o que, ademais, era um argumento mais do que suficiente para quem vivia em extrema penúria.

Quando sentiu que uma vida pulsava em suas entranhas, fruto daquela paixão leviana, a moça atirou-se nos braços do amado, confessando entre lágrimas que em breve seria mãe de um filho seu.

René, de pouco ou nenhum caráter, não esperava aquele "imprevisto" em seu caminho. Não pretendia se casar, muito menos com uma garota de classe humilde. Afastou os braços que lhe enlaçavam o pescoço e, com gesto violento, empurrou Henriete.

– Nem pense em me procurar! Ou chantagear meus pais com essa história de gravidez. Aliás, não pode afirmar que eu seja o pai dessa criança...

As pernas da jovem fraquejaram ante a desfaçatez do rapaz. Quis jogar-se sobre René e arrancar os seus olhos, num arroubo de demência. Num movimento rápido, ajeitou a camisa, as golas do casaco, arrematando, com frieza:

– Eu já suspeitava das suas intenções. Acaso imaginou que eu pudesse assumir algo mais sério?

O rapaz saiu a passos rápidos. Essa foi a última vez que vira René. Desde então, suportara humilhação e vergonha. Apesar da censura da mãe, pudera contar, entretanto, com apoio da irmã mais velha.

E era por esta que gritava agora, desesperada.

– Josephine! Sinto uma dor medonha... Meu filho não nasce?

A irmã tentava ocultar sua preocupação. E também certo medo. De um lado a mãezinha enferma, presa ao leito. Do outro, a irmã quase menina prestes a dar a luz.

Josephine volta os olhos para o quadro da sala, que traz uma pintura de Jesus pousando a mão na fronte de uma criança. Toma a mão de Henriete, procurando transmitir-lhe segurança.

– Oremos a Jesus e à Virgem Santíssima! – e iniciou, em voz baixa, a oração do Pai-Nosso...

Horas passavam lentas, entrecortadas pelos gemidos de Henriete. Um pouco antes do alvorecer, o choro forte de criança ecoou na casa modesta.

Entre lágrimas de emoção e agradecimento, Josephine amparou o menino que acabara de nascer e, apesar do prolongado trabalho de parto, parecia saudável. Embrulhou-o em panos e colocou-o ao lado de Henriete. Ela tocou de leve o rostinho rosado e ainda sujo de sangue. Fez menção de falar, mas as forças lhe faltavam.

Josephine acalmou a irmã, enxugando o suor na sua fronte:

– Descanse agora, Henriete. Vou preparar-lhe um caldo quente para repor tuas forças.

– Não! Não há tempo. Pegue-o.

Josephine acomodou a criança nos braços, assustada com a expressão no rosto da irmã.

– Prometa que vai criá-lo com todo o seu amor. Fazer dele um verdadeiro homem de bem.

Henriete lançou um último olhar para a criança aninhada nos braços da tia e murmurou docemente:

– Ele se chamará René, como o pai...

Em seguida, com um leve suspiro, cerrou os olhos e silenciou.

Josephine acomodou o bebê entre algumas cobertas sobre o chão. Ergueu-lhe, trazendo-a junto de si.

- Henriete! Henriete! Acorda!

Sem saber o que fazer naquele instante, pousou a mão sobre o peito da irmã, tentando sentir o batimento cardíaco. Sacudiu-a uma, duas, três vezes. Foi então que percebeu o sangue que empoçara os lençóis. O rosto agora mais se assemelhava a uma máscara feita de mármore, gélido e branco.

Josephine abraçou o corpo inerte, dando vazão à angústia que aprisionara dentro de si durante toda a noite e soluçou desesperadamente, exclamando o nome da irmã.

- Henriete! Minha adorada irmã... Pobrezinha!

Pauline gritou assustada, do outro quarto:

- Josephine! O bebê está bem? Eu ouvi um choro...

- Mãezinha - falou a moça, enquanto as lágrimas desciam pelo rosto cansado. - A Virgem deixou nos nossos braços um menininho forte e saudável. Olhe como é lindo!

Josephine aproximou a criança dos olhos da avó, comentando:

- Parece com a mãe! Tem os mesmos olhos negros! - falou, com voz entrecortada. - Henriete deixou este presente para nós... Ela havia perdido toda a alegria para a vida na Terra. E agora será feliz no céu.

Pauline compreendeu logo que algo havia ocorrido com a filha caçula. Pela janela entreaberta, um raio de sol penetrou no interior do quarto iluminando o rostinho do recém-nascido. Este, alheio a tudo, dormia serenamente nos braços de Josephine.

– Hei de criá-lo e amá-lo como se tivesse nascido do meu próprio ventre. Todos os dias, eu vou ensiná-lo a amar a Jesus! – murmurou com emoção.

O sol despertado desfazia as derradeiras brumas da madrugada. Josephine em meio à dor, pelo luto, sofria também com o estado de quase invalidez da mãezinha. Mas, apesar das angústias da noite anterior, uma força brotava dentro de si, encorajando-a a prosseguir. Sentia pulsar um grande amor por aquele pequenino ser, que acabara de chegar ao mundo.

O Pai Celestial atendera às súplicas de Virna. Marcus renascera como se fora um filho seu. Conforme propusera aos mentores da colônia espiritual, esperava receber aquela alma querida como filho, a fim de acompanhá-lo em toda a trajetória na nova existência. Abrandaria com seu carinho e desvelo os ímpetos e paixões que ainda lhe caracterizavam o espírito guerreiro e irrequieto.

Desde seus primeiros passos, nesta nova reencarnação, a "tia" Josephine estaria atenta ao seu desenvolvimento moral, orientando os seus passos ao longo da infância inteira dentro dos preceitos da moral cristã, ensinando-o a amar o meigo rabi da Galileia.

Qual delicada planta, cujas raízes ainda são frágeis, estaria atenta a qualquer erva daninha que viesse a lhe prejudicar o crescimento. Ao mesmo tempo, haveria de sublimar-lhe os sentimentos, fazendo-o praticar desde cedo as virtudes mais santas, entre estas a caridade.

No solo ainda estéril do seu coração, lançaria a semente do evangelho do Nosso Senhor Jesus Cristo, que, com o passar dos anos, haveria de produzir frutos adocicados. Que os benfeitores espirituais a acompanhassem nesta difícil, mas sublime missão. Sem mimo exagerado, que acorrenta a vontade do ser, e sem o rigor exacerbado, que inibe o desabrochar espiritual.

As experiências semiadormecidas de Virna se transformavam agora em poderosas alavancas, fortificando a vontade e a fé na difícil tarefa que ela mesma se impusera. Entrevia com os olhos da alma os pilares indestrutíveis da fé e do amor, construídos durante séculos. Sobre eles, ela iniciaria a partir daquele dia, a erguer lenta e amorosamente a construção espiritual que no futuro abrigaria suas almas por toda a eternidade.

CAPÍTULO 18

IGUALDADE, LIBERDADE...

RENÉ DESENVOLVE-SE, FORTE E saudável, cercado do carinho materno. Alto, forte, tem os cabelos castanhos encaracolados que caem em mechas sobre a fronte larga. No semblante sereno, despontam os olhos negros da mãe.

Aproximemo-nos da mesma casa miserável do passado, talvez um pouco menos paupérrima. Na pequena sala de paredes desbotadas, sobre uma pequena e velha mesa de madeira, o jantar. Josephine faz uma prece que o sobrinho, agora seu filho, parece não escutar; seus pensamentos estão distantes.

Na oração, a jovem relembra com palavras carinhosas a irmã que, não suportando o peso da enfermidade, partira quando ele nascera. Após a prece, René olha desalentado para o caldo ralo no fundo do prato e resmunga:

– Nem um pedaço de pão para molhar na sopa?

A mãe responde, repreendendo-o com doçura:

– Coma, meu filho. Há muitos coleguinhas teus nesta rua que não farão a refeição da noite. Aprendamos a agradecer a Deus as bênçãos que nos envia.

– Mãezinha! Se Deus é bom e justo como me ensinaste, por que então permite que o povo morra de fome, enquanto vemos outros homens tão ricos, vivendo na luxúria? Por quê?

– René, acalme-se! Terminemos nosso jantar em paz – tenta contemporizar a mãe.

Ele ergueu-se, abruptamente, empurrando o prato. E com os olhos perdidos no nada, retrucou:

– Só teremos paz, minha mãe, quando a justiça for feita. E não estamos longe desse dia... Eu lhe asseguro.

Josephine levantou-se. Colocou as mãos sobre os ombros robustos do rapaz. Seu murmúrio foi como um pedido, uma súplica que partia de um coração amoroso e cheio de temor pela segurança do filho.

– Meu adorado René! Bem sei que você vem se encontrando na calada da noite com grupos opositores, fazendo protestos contra nosso rei! Por Deus, René... Até contra a própria igreja! Temo por tua vida... E também por aqueles que estão com você, nessa louca e arriscada aventura.

Colocando-se frente ao jovem, olhou-o fixamente, segurando, entre as suas, as mãos fortes do filho:

– Prometa-me que não voltará a se encontrar com esses agitadores. Prometa-me!

René desprendeu suas mãos de entre as mãos maternas, delicadamente, e afastou-se, sem completar a refeição. Caminhou até a janela que emoldurava a mesma lua tímida, que havia 18 anos vira-o nascer, e falou:

– Sinto muito, minha mãe. Não posso e não quero me prender a uma promessa que sei que não cumprirei. Sou parte deste povo que sofre e que morre de fome, enquanto nossos governantes erguem palácios cinzelados a ouro. Nossa imperatriz ostenta luxo em trajes e joias, cujo valor poderia ser usado em outros fins mais importantes. Pois que volte para a Áustria, de onde nunca deveria ter vindo!

Josephine não podia discordar da força dos argumentos de René. Mas não queria vê-lo envolvido em lutas políticas... Ainda tão jovem!

Mas o rapaz continuou, falando com autoridade:

– E os dignitários da Santa Igreja? Vivem à custa dos pesados impostos sobre o povo. Essa doutrina que você me ensina a respeitar não pode ser a mesma desses cardeais...

René abraça a mãe, como se quisesse desculpar-se por tanta franqueza. Beija-lhe a fronte e sai, a passos ligeiros, desaparecendo na escuridão.

Assustada, Josephine ergue as mãos para o céu, pedindo proteção ao filho querido e também por toda a França. Quem tivesse o dom da vidência poderia perceber, nesse instante, um jato de luz subindo ao firmamento. Durante a prece, flocos de luz derramam-se sobre o casebre.

Relembremos um pouco, a caminhada desse espírito, nas reencarnações aqui relatadas. Dócil e amoroso, aceita as duras provas como escrava, tirada do convívio da família na Judeia para viver em Roma em meio aos costumes dissolutos de uma sociedade pagã. Renasce no século I, como cidadã de Roma, colhendo as primeiras sementes do Evangelho, pregado pelo apóstolo Pedro no interior das catacumbas.

Estas pequeninas gotas de luz criaram raízes profundas, indestrutíveis no seu coração, alargando com o passar dos tempos a sua visão espiritual em relação ao destino do ser. Em meio a esta jornada sublime, tomou como seu tutelado o espírito Marcus Flávius, incumbindo-se da missão de libertá-lo dos grilhões tenebrosos da cegueira espiritual. E assim vem trabalhando para reerguê-lo, pouco a pouco, das muitas faltas cometidas em nome de Roma e dos Césares.

Confiante em que a luz do Cristo há de espancar as trevas; que a lei de amor vencerá o egoísmo e o orgulho, Virna esmera-se em mais esta etapa, como Josephine, zelando por seu tutelado, agora na condição de filho. A alma turbulenta, inconstante e cruel do passado começa, a partir de agora, a dobrar-se ante a grandeza de Deus, em vez de reverenciar velhos ídolos de barro.

Desde que assumiu a criança como filho, vem inculcando nesse espírito as verdades cristãs, na sua pureza, sem as deturpações e enxertias de natureza humana. Deixou de lado as pregações dogmáticas para deter seu ensino nos valores mais puros que elevam a alma para Deus. Virna, ou Josephine, tem apresentado o mesmo Jesus que conheceu pelas palavras de Pedro, ensinando-nos a orar uns pelos outros, a amar incondicionalmente.

Sempre, à mesa do jantar, antes de atender às necessidades do corpo com uma refeição deveras frugal, prepara um verdadeiro banquete espiritual. Nestes momentos, os olhinhos do menino se dilatam, brilhando de curiosidade e até se emocionam com lágrimas a escorrer pelo rostinho doce, à medida que Josephine fala de Jesus. Do seu nascimento, da sua missão junto aos homens, do seu sofrimento na cruz e do seu ressurgimento da morte. Encerra a singela reunião com a oração que Jesus ensinara séculos atrás. Assim, pouco a pouco René, ou, melhor, Marcus Flávius transforma-se em um homem de bem.

Já não existe dentro dele o desejo da guerra, o ímpeto para os combates sangrentos, as conquistas desvairadas. A alma de guerreiro conquista a paz e a serenidade. O critério da justiça penetrou fundo na sua consciência, ao contrário dos tempos dos Césares, e pede mesmo à mãezinha querida que recite o imortalizado Sermão da Montanha todas as vezes que se sente tristonho e confuso diante das arbitrariedades dos poderosos.

CAPÍTULO 19

NO CORAÇÃO DO SERTÃO

ESTAMOS NO ANO DE 1951, sertão pernambucano, Brasil. A grande seca de 1877 deixa ainda efeitos catastróficos. A paisagem no sertão pernambucano permanece idêntica desde os períodos da colonização. O sol agoniza lentamente no horizonte. De um vermelho intenso, despeja, ainda, antes de desaparecer completamente, seus derradeiros raios.

O calor é quase insuportável, mesmo assim a procissão segue seu caminho carregando em um andor simplório a pequena imagem da Virgem, ladeada por dois estandartes de cetim roto que dois coroinhas carregam de olhar distante e cansado.

O canto ritmado que se espalha pelo ar, e parece nascer não da garganta, mas das entranhas daquele povo, mais se assemelha a um lamento angustiado dirigido aos céus. Pés descalços, alguns de sandálias grosseiras, chapéus de palha na cabeça, roupas surradas. Apesar do apelo desesperado que entoam, no semblante envelhecido prematuramente, uma história de miséria e de dor, mas também de fé e de esperança na vida desses romeiros.

A noite chega aliviando o calor. As velas se acendem formando uma fila de luz amarelada e trêmula, acariciada pela brisa leve, serpenteando a terra seca da caatinga em direção à capelinha de Nossa Senhora da Misericórdia.

Entre eles, uma família. Floriano, o pai, de estatura baixa, cabelo seco encaracolado, olhar carrancudo. Lucinda, de 11 anos, magra, pele clara, cabelos longos de um castanho queimado. Olhos grandes e tristonhos. Traz no colo a irmãzinha de 3 anos, Maria do Socorro, que tem os cabelos do pai e o olhar melancólico da irmã. Dona Ritinha, a mãe, cabelos escuros e escorridos presos em coque, rosto cansado, pés arrastados. Carrega nos braços o filho caçula de 2 anos, mirrado e barrigudo, rostinho pálido, olhos caídos. E outro na barriga.

Pelo volume avantajado do ventre, dona Ritinha deve dar à luz por aqueles dias. Ao lado do pai, caminham Sebastião, de 14 anos, e Antônio, de 12. O mais velho parece com o pai, e o mais novo lembra dona Ritinha. De repente, Antônio se afasta da procissão e senta no barranco ao lado do caminho.

O pai se aproxima:

- *Diacho,* menino! O que *tá* acontecendo?

- Sei não, painho - responde o garoto. - Senti uma tontura.

– Isso é pieguice. Não encheu o bucho com feijão e farinha antes de sair de casa?

Antônio faz um "sim" com a cabeça.

– Pois então se alevante e tome prumo. Tu não sabes da precisão da água?! Sem procissão e sem reza, a Virgem não vai ouvir nossos pedidos.

– Já passou, painho. Tô indo. Tô indo.

O mais rápido que as pernas magras permitiam, Antônio entrou na fila ao lado do irmão mais velho que apenas lhe lançou um olhar silencioso. Entretanto, a visão que o fizera rodar sua cabeça a ponto de precisar se sentar no barranco, abandonando a procissão, surgiu novamente com mais clareza.

Não há nessa aparição um andor com a imagem da Virgem Santíssima. Porém, muitos estandartes coloridos, tremulando sob uma brisa forte, carregados por homens altos e fortes de armaduras e capacetes dourados, trajando longas capas vermelhas.

Em um cavalo preto com manchas brancas, que trotava devagar, acompanhando a esquisita procissão, um homem de olhar frio e arrogante, vestido como os outros soldados e trazendo na cintura uma espada que cintilava sob os últimos raios de sol.

Antônio abanou a cabeça com força, como a afastar aquela visão que o incomodava. Sentia os olhos do pai sobre ele, e, então, reunindo forças, cantou alto, acompanhando o coro dos romeiros: "Ave, Ave, Ave Maria... Ave, Ave, Ave Maria..."

Já era noite quando a procissão se desfez em frente à capelinha. A imagem de Nossa Senhora foi retirada do andor e recolocada no altar. Todos voltaram para suas casas.

Depois de colocar Ariovaldo na rede, profundamente adormecido, dona Ritinha apressou-se em providenciar um cuscuz, que foi dividido com todos da família. Uma caneca com um pouco de café completou a refeição frugal. Todos foram para a cama. Ou, melhor dizendo, para as redes e esteiras espalhadas pelo chão.

Deitado ao lado do irmão mais velho, Antônio esticou as pernas cansadas e já ia fechando os olhos, quando Sebastião perguntou com voz sussurrada:

— Tonho! - era assim que a família o tratava -, o que você teve na procissão, que deixou painho zangado daquele jeito?

- Sei não - respondeu.

- Mas tu tava branco! Fala logo, diacho... O que aconteceu?

- Uma visão, Sebastião!

- Uma visão! Explique *mió* que não tô entendendo.

- Era outra procissão, com guerreiros, cavalos lindos, brancos, pretos, malhados - e arregalando os olhos - homens que carregavam espadas, e usavam capas vermelhas. Outros, com estandartes parecidos com os da procissão de Nossa Senhora da Miseri...

- Chega de bobagens. O sol tava forte demais e amoleceu tua cabeça. E não deixa o pai saber destas coisas que tu acaba de falar para mim. Ele vai te arrancar o couro!

E virando para o outro lado, não demorou a adormecer.

Antônio, com os olhos pregados no teto, pensou:

– Eu vi! Eu juro que vi com estes óios que a terra há de *cumê.*

Naquela noite, os pesadelos sacudiram o sono de Tonho. Ele se via em um lugar estranho, desconhecido, cheio de grandes cruzes em chamas. Gritos e lamentos ecoavam por toda a parte. Tentou fugir das visões que o assustavam quando uma das cruzes tombou em sua direção.

Acordou apavorado. O suor escorria pela testa, e o peito arfava. Tinha dificuldades para respirar. Encolheu-se na esteira puxando o lençol remendado e se cobriu. O cansaço chegou de mansinho e fê-lo adormecer.

As visões acompanharam Antônio durante toda a infância e a adolescência, sem que ele conseguisse entendê-las. Com receio de apanhar do pai, guardava só para si tudo que via. E quando se sentia muito assustado, e não estava trabalhando no roçado com o irmão, corria para o fundo do quintal e, de cócoras, em um cantinho, repetia o Pai-Nosso em voz baixa. Quando o coração sossegava, voltava a brincar. A mãe, balançando a cabeça, murmurava:

– Virgem! Esse menino é muito estranho...

CAPÍTULO 20

Nove anos depois

O ALARANJADO DO SOL se derramando sobre as casas de pau-a-pique[7] anunciava o renascer de um novo dia. Seria mais uma vez um quadro de rara beleza, não fora pela seca implacável que assolava de forma intensa o interior do sertão de Pernambuco.

Antônio levantou-se, e o cheirinho do café que Lucinda sorrindo acabara de passar o animou, apesar de sentir ainda o cansaço do dia anterior. Ela estava bonita, com os cabelos encaracolados que lhe iam até os ombros e os olhos brilhando.

Antônio pensou com seus botões:

– A felicidade embeleza as pessoas.

Lucinda ia se casar no sábado, com Raimundo. Esse namoro já vinha desde a meninice.

– Venha, Tonho! A voz da irmã interrompeu seus

7. Casas construídas com barro, bambu, cobertas com palha muito comuns no interior do sertão.

pensamentos. Tem cuscuz e café prontinho. Assim você não vai para roça de barriga vazia.

Tonho sorriu e caminhou até os fundos da casa. E com uma caneca pegou um pouco de água da vasilha, um pouquinho só, e lavou o rosto. Voltou e sentou-se. Sobre a mesa velha de madeira, o de sempre: cuscuz de milho e café. Com os olhos presos na refeição que a irmã preparara com tanto carinho, pensou:

– Não me lembro em toda a minha vida de haver comido alguma coisa diferente no café da manhã.

Assim mesmo, agradeceu a Deus, refletindo que muitos naquele momento nada tinham para saciar a fome. A miséria assolava a região. A seca devorava as pequenas plantações, os animais e a esperança do povo.

Enquanto comia, seus pensamentos vagaram novamente: tanta coisa havia acontecido naqueles nove anos. Lembrou do irmãozinho que nascera morto. Recordou a expressão cansada da mãe; às vezes parecia ter dificuldades para respirar. Constantemente, levava a mão à altura do coração como se algo lá dentro do peito a incomodasse.

Constantemente pensava em Sebastião na capital. Fugira no silêncio da madrugada sem falar com ninguém. Sobre a mesa, um bilhete. Poucas palavras, porque mal sabia escrever, que expressavam a enorme desesperança de toda uma vida: "Perdão, meu pai. Não aguento mais".

Alguns dias após a partida de Sebastião, Ariovaldo ficou também doente. Febre alta, vômitos, diarreia, o corpo coberto de pintas vermelhas. Era sarampo! O terrível sarampo que dizimava as crianças do sertão, já tão enfraquecidas pela desnutrição e a verminose. Nem tempo para buscar ajuda em outro lugar houve, já que onde moravam não existia atendimento médico.

Ariovaldo se foi. Um anjinho que embrulharam na rede e levaram para o cemitério. A mãe que tinha aguentado a falta de quase tudo na vida, não aguentou a falta dos dois filhos. Um carregado pela vida. E o outro levado pela morte. Então, ela também desistiu de viver.

Antônio enxugou a lágrima que teimava em escorrer pelo seu rosto. Não queria que Lucinda notasse a sua tristeza, estava tão alegre cantarolando na cozinha. Sábado, o vigário abençoaria a união dela com Raimundo, e os dois viriam morar na casa de seu Floriano, por causa de Maria do Socorro, que ela estava criando na falta da mãe.

O pai havia se entregado à bebida, desde a morte de Ritinha, abandonando definitivamente o roçado. Amanhecia e anoitecia na tendinha do seu Zé, e chegava em casa trocando as pernas. Atirado na esteira, assim ficava por horas a fio.

Antônio, lá no fundo do seu coração, sabia que ele queria mesmo era morrer também, acompanhar a mulher que ele tinha amado, do jeito que ele sabia, e esquecer a ingratidão e o abandono de Sebastião, que sempre fora o filho predileto e que fugira na calada da noite sem se despedir dele.

Tossia a noite toda, mesmo dormindo, e por mais de uma vez Antônio viu sangue escorrendo pelo canto da boca, que ele limpava praticamente inconsciente, sem se dar conta de que o filho observava seu sono agitado.

Nesses momentos, o rapaz rezava e suplicava por algum tipo de ajuda que pudesse amenizar aquela vida sofrida que o nordestino levava. Por vezes, pensava com seus botões: o sertanejo e o sertão eram um povo e um lugar esquecido por Deus.

Entretanto, depois que passou a frequentar as reuniões na casa de dona Maroca, sem que ninguém soubesse, principalmente o pai e o vigário, seu entendimento se ampliou, bem como passara a aceitar melhor as tristes circunstâncias que envolviam a sua vida.

Uma vez por semana, Antônio arrumava uma desculpa qualquer e sorrateiramente se dirigia para a reunião na casa de dona Maroca. A bondosa e simpática senhora, sempre com um sorriso no rosto, apesar das vicissitudes que enfrentara - dos seis filhos nascidos apenas um continuava ao seu lado. Volta e meia falava dos dois anjinhos que Deus levou. Os outros três botaram o "pé no mundo" como ela mesma afirmava com um quê de saudade e conformação nos olhos vivazes.

Encontravam-se às escondidas, porque o vigário, embora velhinho, possuía ainda uma força muito grande sobre os poucos fiéis daquele lugarzinho. Promover reuniões espíritas, conversar, ouvir as almas do outro mundo, era um pecado sem tamanho! Portanto, o pequeno grupo seria excomungado pelo padre e rejeitado pelos familiares e vizinhos, caso tomassem conhecimento dos ditos encontros.

Antônio encantava-se com a leitura do Evangelho, único livro que dona Maroca possuía. Tonho não conseguia entender muito bem o significado das palavras e os comentários sobre os ensinamentos dados por Jesus. A própria dona Maroca tinha dificuldades na leitura. Entretanto, uma visão diferente do Evangelho e de como o homem deveria se conduzir durante a sua vida, a despeito de todos os problemas que o cercassem, começava a fazer sentido para Antônio.

A palavra "reencarnação", principalmente, abriu para o romano arrogante e cruel do passado, hoje o humilde e miserável sertanejo, horizontes infindáveis de entendimento, apesar de ler e escrever com dificuldade.

Certa noite, dona Maroca exclamou, em meio à reunião:

- Tonho! Não temos quase nada, mas podemos ajudar quem nada tem.

Enfatizando, prosseguiu:

- O propósito da vida é ser bom. Não ter revolta e nem mágoa no coração, mesmo que falte a chuva para saciar a sede da terra e o feijão na panela para matar a nossa fome. Tudo que o homem passa hoje é fruto daquilo que semeou ontem.

E finalizou, emocionada, com lágrimas a escorrer pelo rosto enrugado pelo tempo e pela dor:

- Ninguém deve se sentir injustiçado e infeliz. Deus é infinitamente sábio, justo e bondoso.

Antônio estranhou. E pensou com seus botões:

- Parece até outra pessoa falando.

Mesmo com todas as explicações de dona Maroca, Antônio apostaria que era um espírito quem trazia, de quando em quando, pela mediunidade de dona Maroca, a mensagem de esperança, de bom ânimo; as orientações, os ensinamentos que ajudavam a sacudir a letargia espiritual daquele grupo de sertanejos, distante de tudo e de todos.

Um dia, Antônio decidiu ir embora, não na calada da noite, às escondidas, como fez Sebastião, que nunca mais dera notícias. Lucinda permanecia casada e feliz, apesar das dificuldades da seca que não dava tréguas.

Seu Floriano, o pai, em uma manhã com o sol já a pino, não se levantou da rede como costumava para beber na tendinha do seu Zé. A morte o tinha levado no silêncio da madrugada. Os amigos o carregaram, emocionados. Atrás do cortejo, dona Maroca e alguns poucos vizinhos, seguidos por Lucinda, Raimundo, Maria do Socorro e Antônio.

De repente, uma voz forte se fez ouvir em meio ao silêncio que envolvia o cortejo fúnebre. Seu Zé da tendinha começou a cantar uma moda que os caboclos entoavam quando se reuniam nas noites de lua cheia, ao som de uma velha viola:

Quem nasce no sertão
Já nasce guerreiro na certa,
Pois, na luta contra a seca,
Não usa lança nem seta,
Só a força do coração.
Quem cresce no sertão
É homem bom, é gente séria.
Da terra tira o pão de cada dia,
Transformando sua miséria
Em fartura de alegria.

Quem morre no sertão
É carregado na sua rede,
Sem lamento ou aflição.
Quem da vida não teve sede
Leva quieto o coração.
Assim é meu sertão.
E o sertanejo, na sua lida,
Caboclo forte, simples, risonho.
Apesar das agruras da vida,
Transforma a vida num sonho.

Antônio não conseguiu acompanhá-los. As lágrimas corriam fartas pelo rosto castigado pelo sol, e a voz ficou embargada na garganta. Não sabia se chorava pela morte do pai ou pela vida que ele tinha levado no sertão.

Vida triste, miserável mesmo, lutando desesperadamente contra a seca, completamente impotente diante de uma terra que agonizava. Nunca fazia afagos em um filho, não sorria. Trazia o semblante sempre carrancudo. Talvez, quem sabe, sempre preocupado em colocar o feijão na panela de dona Ritinha.

O canto cessou. O cortejo tinha chegado ao cemitério, em um lugarzinho não muito afastado das taperas, sem cerca, sem portão, sem coveiro. A própria família abria a cova rasa para deixar seu defunto. Sobre a terra seca as pequeninas cruzes espalhadas, poucas, também, eram tão poucos os moradores de Misericórdia.

Enquanto assistia ao trabalho do coveiro, baixando o corpo na sepultura rasa, Antônio enxugou as lágrimas, pensando, enquanto Lucinda se aconchegava nos braços do marido e Maria do Socorro se agarrava a suas pernas:

- Pudera! A vida também nunca lhe fizera um afago.

Quando Antônio subiu no pau de arara, vindo de outros lugares iguais ou piores que o seu pequenino lugarejo, o sol ainda não havia surgido. Porém, seus clarões avermelhados iluminando o horizonte mostravam a intensidade de sua magnificência que, por mais um dia, se derramaria sobre a terra exaurida.

Abraçada a Maria do Socorro, Lucinda observava da soleira da porta, com o olhar comprido e tristonho, o velho caminhão desaparecer em meio a uma nuvem de poeira que a terra seca levantou.

Todos sentiram a partida de Antônio. Era um menino de bom coração, como diziam. Sempre pronto a ajudar, a colaborar com quem quer que fosse. Mesmo nos momentos mais difíceis da sua vida, quando o irmão mais velho fugiu do sertão, e o irmão caçula morreu; mesmo depois que sua mãe partiu acompanhando o pequenino e a alma de seu Floriano se esvaziou de forças se entregando à bebida, nunca dos seus lábios se ouviu qualquer tipo de reclamação ou se percebeu no olhar do jovem a mágoa ou a revolta.

Carregava, sim, um fardo pesado de uma vida miserável e dolorida. Entretanto, no semblante queimado pela lida no roçado sob o sol implacável, a serenidade e a resignação. A decisão de frequentar as reuniões na casa de dona Maroca, entregando-se ao estudo de *O Evangelho segundo o Espiritismo*, mesmo às escondidas do pai e da mãe, fizera-lhe grande bem.

Conseguia agora entender com mais clareza o porquê de algumas visões que o perseguiam desde menino, deixando-o meio aturdido e assustado. As leituras abriram-lhe o entendimento também para as "aparentes injustiças" deste mundo, como, por exemplo, o sofrimento experimentado pelo sertanejo, a nascer num ambiente tão hostil, privado dos recursos básicos que garantem a vida.

Passou a entender um pouquinho a respeito de reencarnação e mediunidade. Sempre após a prece de encerramento das reuniões, sob a luz de velas, Antônio regressava para casa com uma sensação de paz tão grande, que lágrimas escorriam dos seus olhos. A compreensão sobre as adversidades da vida, iluminadas pelo farol abençoado daqueles encontros, aquietava o seu coração. As explicações sobre a reencarnação, passadas por dona Maroca de forma incompleta e grosseira, eram, porém, suficientes para aplacar a dor ante as vicissitudes impostas pela seca, não apenas à sua família, mas, também aos seus vizinhos e a todo o sertão nordestino.

Se ela marcava a terra que deveria ofertar frutos e saciar a fome do povo, deixando nela sulcos profundos, ele trazia a alma orvalhada pela alegria do renascimento. Marcus Flávius, o centurião orgulhoso de Roma, de César, de suas conquistas e de si mesmo, arrogante e tantas vezes cruel, moldava pouco a pouco, sob a bigorna incandescida do destino, o caráter rebelde do passado, preparando-o para futuras experiências em planos elevados.

O caminhão apinhado de homens, mulheres, crianças, velhos e jovens, todos carregando nas feições prematuramente envelhecidas pela lida com a terra um olhar de profunda ansiedade e esperança, foi-se afastando de Misericórdia. Antônio, agachado em um cantinho, relembrou quando, menino ainda, perguntou à mãe:

- Ô mãinha! Por que onde a gente mora tem o nome de Misericórdia?

A mãe sorriu, largou a panela do feijão e, voltando-se para Antônio, respondeu:

- Filho! O nome é Nossa Senhora da Misericórdia. Por causa da santinha que protege o lugar.

- É nada! - soou a voz de seu Floriano, forte e irritada, interrompendo a explicação de dona Ritinha. Estava deitado na rede no cômodo ao lado da cozinha e ouvira a conversa. - Explica direito, mulher!

E prosseguiu com o rosto carrancudo:

- Era, Tonho. Com o tempo o povo cansado de sofrer passou a chamar esse lugar de Misericórdia. Porque, só mesmo por misericórdia para aguentar essa vida miserável que a gente leva.

E se levantando bruscamente da rede, saiu porta afora.

A mãe voltou para a panela de feijão, silenciosa, como se nada tivesse acontecido.

Naquele dia, Antônio não havia entendido direito o que o pai dissera. Agora, em cima do pau de arara[8], estava também ele buscando uma vida melhor em outro lugar, como toda aquela gente que quase não leva-

8. Pau de arara: meio de transporte irregular muito usado pelos retirantes, que fugiam da seca no sertão. Ainda muito utilizado no Nordeste do Brasil.

va nada nas mãos. De fato, não tinha muita bagagem, mas carregava no coração a esperança; esperança muito maior do que a seca que assolava a terra e maltratava o povo. Agora, sim, entendia a resposta agressiva e inconformada do pai.

Voltaria a rever as irmãs? Os amigos? Reencontraria na capital o irmão mais velho que fugira de casa, tão jovem ainda, e nunca mais dera sinal de vida? Antônio se perguntava. Lá no fundo do seu coração tinha quase certeza que não. Enquanto isso, Misericórdia havia desaparecido completamente de suas vistas.

Ele fechou os olhos, espantando os pensamentos, e tentou cochilar. E sonhou um sonho quase real: o lugar era bonito. As árvores muito verdes balançavam com a brisa agradável que soprava. Havia um jardim e uma jovem, linda. Seus cabelos derramados sobre os ombros pareciam como os raios de sol sobre a caatinga, e os olhos eram azuis como o céu do seu sertão.

Acordou assustado com o balanço do pau de arara. Encolhido, esforçava-se em juntar os retalhos de uma vida que havia ficado em um passado distante.

CAPÍTULO 21

Mariazinha

Antônio parou extasiado diante da jovem com a caneca estendida. Cabelos longos e encaracolados; olhos grandes e amendoados de um castanho azeitonado, quase verdes. Quando ela falou, eles se iluminaram:

– Ô moço! Aceita um copo d'água?

O gesto da oferta, saciando sua sede, fez explodir repentinamente no seu subconsciente uma espécie de lembrança distante, enevoada. Encolhido em uma gruta escura, exausto, ferido, as roupas ensanguentadas.

De repente, surge um anjo a sua frente, molhando seus lábios ressequidos com água de uma pequenina ânfora de vidro que trazia numa das mãos, afagando a fronte enlameada, contraída pela dor e pelo medo.

Ao mesmo tempo, murmurava palavras de carinho, de conforto e de esperança. A estranha visão, que embora não tenha durado senão alguns segundos, fê-lo cambalear. A jovem amparou-o, ajudando-o a se sentar em um tronco seco.

- Está se sentindo mal? - perguntou.

- Não! Foi só uma tontura. Talvez o cansaço da viagem - explicou um tanto sem jeito.

Antônio segurou a caneca que a jovem lhe estendia e tomou um grande gole d'água sem despregar os olhos dela. A sensação era de que a conhecia de longo tempo. Mas de onde? Olhava-a, e seu coração batia mais forte como se tivesse reencontrado alguém que havia perdido no tempo; um alguém muito, muito querido. Um alguém por quem, um dia, sentira verdadeira adoração.

O precioso líquido desceu pela garganta seca, trazendo alívio e frescor.

- Vocês são retirantes?

Sua voz parecia música aos seus ouvidos. Antônio fez um gesto afirmativo com a cabeça.

- Pura doideira! - a expressão no rosto era de completa seriedade. - Sair assim mundo afora, sem eira nem beira! Doideira...

Antônio se defendeu:

- Doideira, moça, é ficar. É querer arrancar da terra o que ela não tem para dar.

E prosseguiu falando, como se soubesse tudo desta vida.

- Quando falta até o feijão para colocar na panela, o jeito é colocar o pé na estrada, como fez meu irmão, que debandou por esse mundão de Deus faz tempo...

A essa altura da conversa, o povo já tinha abandonado a caçamba do pau de arara e se ajeitado aqui e ali, porque o conserto do velho caminhão ia adentrar a noite.

Sentados agora no chão, apoiados no tronco, Antônio e a jovem continuavam conversando:

– Pois é, moço – murmurou, olhando nos seus olhos. – Aqui na vila tem água...

Antônio resmungou com firmeza. Estaria se defendendo a respeito dos retirantes ou do seu olhar.

– Um açude bem pequeno e que a cada dia vai ficando menor, pela falta de chuva.

Ela pareceu não gostar da resposta de Antônio. Sua voz saiu magoada.

– Cruz-credo, moço! Você *tá* é muito ranzinza – e inclinando a cabeça, encabulada, perguntou: – Seu nome?

– Antônio – respondeu ele, cabisbaixo, remexendo a terra com um graveto para disfarçar o tremor de suas mãos. – Mas minha mãe me chamava de Tonho. E o seu, moça, qual é?

A jovem abriu um sorriso, deixando mostrar os dentes brancos e perfeitos.

– Maria... Mas me chamam de Mariazinha, por conta da minha magreza quando cheguei aqui.

O coração de Antônio batia em descompasso no peito. Não conseguia compreender aquela emoção sem tamanho que o tomava por completo, que o fazia sorrir e ao mesmo tempo umedecia seus olhos. Tinha certeza, absoluta certeza, de que a conhecia. Mas de onde?

Relembrou as lições de dona Maroca, quando falava a respeito de vidas passadas. Sacudiu a cabeça para afastar os pensamentos absurdos. Sem que eles percebessem, as horas se passaram, e os primeiros lampejos do renascer de um novo dia afugentaram as derradeiras brumas da madrugada.

Antônio, espantado e feliz, ficou olhando o pau de arara velho e barulhento sumir na estrada, carregando com ele a sua esperança de chegar até a capital onde pudesse um dia viver com dignidade, sem tanto sofrimento, enquanto a cabocla mais bonita que ele já tinha visto nesta vida apertava com força a sua mão.

Durante a noite, enquanto eles aguardavam pelo conserto do pau de arara, Antônio, comovido, conheceu a história de Mariazinha. Ela também já havia sido uma retirante. Seus pais, como os de Tonho, não suportaram a miséria e a fome que a seca impunha ao sertanejo. Corajosamente, juntaram o pouco que tinham e os seis filhos, o mais velho com 11 anos e a menorzinha com meses apenas, e partiram para Recife em busca de uma vida melhor.

Como não tinham o suficiente para pagar o pau de arara, resolveram fazer a jornada ingrata a pé. Assim, arrastando a família e as trouxas pela caatinga desolada e áspera, chegaram à Vila do Sampaio. A mãe implorou que ficassem. Ela e as crianças estavam exaustas. O pai decidido a abandonar definitivamente o sertão, recusou. Trazia a alma tomada de raiva, mágoa por aquela terra ingrata, estéril, que arrancara sem piedade sua juventude, sua alegria, e, não satisfeita, a filhinha caçula.

Não! Não deixaria ali as últimas forças que restavam ainda no arrimo da família. Largaram, entretanto, Mariazinha, que tinha apenas 7 anos, quando perceberam que dona Severina se interessara pela menina. Vivia só, viúva, sem filhos e com um reumatismo que a impedia de fazer os serviços da casa e, principalmente, buscar água no açude que ficava distante da casa. "Era – pensou o pai – uma boca a menos para alimentar."

Já haviam deixado pelo caminho, em uma cova rasa, Maria das Dores, que havia vários dias tinha uma diarreia intermitente e não resistira à caminhada penosa.

Mariazinha, sem reclamar – o retirante seja qual for a sua idade não reclama, caminha apenas –, ficou ali em cima do tronco seco, espiando a família desaparecer na estrada. Trabalhou e ainda trabalhava muito, porém, nada lhe faltava. Nunca sentira fome ou sede, vivendo ao lado de dona Severina, como ela mesma afirmou. Se não fosse a saudade do pai, da mãe e dos irmãos que nunca mais vira, poderia até dizer que era feliz.

No dia seguinte, Antônio ficaria sabendo mais detalhes sobre a vida de Mariazinha, contada pela própria dona Severina, que o deixou perplexo e até emocionado. Mariazinha adentrou a tapera, onde vivia com dona Severina, quase que arrastando Antônio pela mão. Trazia o rosto moreno iluminado de alegria.

A matrona não se surpreendeu quando viu partir o pau de arara sem o jovem. Observara os dois conversando, se olhando, mãos dadas. Recebeu-o de braços abertos. Estava muito velha, e Mariazinha, sobrecarregada com o trabalho na roça. Um homem em casa ajudaria muito.

O dia já havia nascido e Mariazinha passou um café fresquinho que encheu a casa humilde com um aroma gostoso. Forrou a mesinha, trouxe cuscuz e macaxeira.

Antônio agradeceu, e comeu com satisfação ao lado da jovem e de dona Severina.

Quando terminaram, a senhora perguntou sem rodeios:

- Tonho... Você ficou na Vila por conta de Mariazinha?

Ele abaixou os olhos, encabulado, e respondeu:

- Não sei o que deu em mim, quando botei os olhos em Mariazinha. Nunca me interessei por ninguém, dona Severina. Vivia apenas pro roçado, para ajudar a mãe e o pai. Depois que eles morreram e a irmã casou, resolvi partir, buscar minha felicidade. E ela está aqui na Vila do Sampaio. Se a senhora permitir, eu quero casar com Mariazinha; conversamos sobre isso toda a noite. Foi Deus, dona Severina, que fez com que o pau de arara enguiçasse justo aqui. E é aqui ao lado dela que eu hei de viver o resto da minha vida.

Dona Severina se levantou. E Antônio, educadamente, imitou seu gesto. Ela se aproximou e, abraçando-o, murmurou com lágrimas nos olhos:

- Você tem razão, Antônio. Foi Deus quem o trouxe até aqui para tomar conta de Mariazinha, pois sinto que não viverei por muito mais tempo.

Mariazinha, abraçando a senhora, murmurou com lágrimas nos olhos:

- Não diga isso, madrinha! Por favor, não repita mais isso.

Em seguida, a jovem saiu para buscar água. E dona Severina pediu a Antônio que ficasse. Queria conversar mais calmamente sobre a decisão dos dois jovens de unirem suas vidas e também falar um pouco mais sobre Mariazinha.

Relembrou, então, o dia em que a família havia passado pela Vila carregando trouxas e filhos. Quando olhou a menina, teve certeza que ela não chegaria até a capital.

– Era magra de dá dó! Olhos fundos, osso só. Uni o útil ao agradável. Cuidaria dela. E ela cuidaria de mim. Só não pensei que ia me apegar tanto a essa menina! Hoje, Antônio, ela é como uma filha que tivesse sido gerada dentro de mim. E se não tenho reclamado, é porque não quero preocupá-la, mas, sinto o coração cansado querendo parar. Agora com você aqui, tomando conta da roça, das galinhas e principalmente dela, posso morrer descansada.

E acrescentou, com lágrimas nos olhos:

– Sinto aqui dentro de mim que posso confiar em você.

Antônio escutava sem saber o que dizer. Havia tanta sinceridade nas palavras de dona Severina, que não teve coragem para contestar uma só palavra.

Ela prosseguiu:

– Aqui, na Vila, Tonho, nós temos um pequeno centro espírita. Não tem nome e nem a simpatia de todos. Porém, eu e Mariazinha frequentamos a reunião de estudo duas vezes por semana.

Antonio abriu um largo sorriso, perguntando, ansioso:

– Eu também posso acompanhar a senhora e Mariazinha? Lá em Misericórdia eu frequentava uma reunião espírita na casa de dona Maroca, escondido do pai e da mãe.

– Tonho – continuou dona Severina – Mariazinha é uma alma iluminada. Menina ainda, mesmo fraquinha, não brincava como as outras crianças... Só se interessava em ajudar as pessoas. Eu achava estranho. Ora pegando água para quem estivesse acamado; ora passando a noite com alguma criança doentinha, além de me ajudar no serviço da casa e na lida da roça. Quando pegou seus 14, 15 anos, passou a catar raízes na caatinga e com elas fazia chás. "Essa é para febre do Betinho; esse é para diarreia da Maria da Penha; esse é para sua dor no joelho, madrinha..." Dizia ela, animada.

Continua dona Severina:

– Eu perguntava, preocupada com as beberagens que ela fazia aqui em casa. E ela respondia muito compenetrada: "Eu escuto, madrinha." E não é que dava certo? Pois até as minhas dores melhoraram muito com esses chás que ela faz, cozendo as raízes que encontra.

Enquanto Mariazinha ausentava-se, a conversa prosseguiu. Dona Severina continuou a narrativa.

– Há uns dois anos, chegou aqui um senhor dos seus 50 anos, chamado Durval, e sua esposa, Laurinda. Veio visitar o irmão que se encontrava sozinho e doente. Não tinha família. Perdera a esposa e a filhinha, no parto. Por diversas vezes ele insistiu para que o irmão fosse morar em Recife. Apesar do lar humilde, teria uma família. Não aceitou, queria viver só. Sua dor e sua saudade lhe fariam companhia, afirmava diante da insistência do senhor Durval. Infelizmente, o irmão, depois dessa conversa, piorou e, não passados quinze dias, veio a falecer. Então, Durval resolveu ficar por uns tempos. Falaria para quem quisesse ouvir o que tinha aprendido na capital no centro espírita que ele frequentava. Foi ficando,

ficando, e agora nem ele sabe quando volta para Recife. Um dia, Tonho, ele me explicou que Mariazinha é médium e que todos nós também somos médiuns. Disse também que, se tivermos boa vontade no coração, podemos, sim, ajudar uns aos outros.

Antônio escutava, emocionado, a narrativa de dona Severina. A semente que havia sido plantada nas noites em que se reunia na casa de dona Maroca estava prestes a eclodir.

– Aqui – prosseguia a matrona – você não carece de frequentar as reuniões às escondidas.

Quanta diferença! Em Misericórdia, lembrou Antônio, falando consigo mesmo, ele teria de escolher entre assistir à missa na capelinha, ouvindo o vigário que já arrastava os pés de tão velhinho e que falava em uma língua estranha que ele e ninguém entendia, ou participar dos encontros na casa de dona Maroca, com seu jeito simples de falar.

Conheceu Durval, ficou encantado com seu jeito simpático de ser, com a alegria com que ele transmitia os ensinamentos de Jesus, quando, pela primeira vez, participou de uma reunião espírita em sua casa, isto é, na casa do seu irmão, ao lado de Severina e Mariazinha.

Aprendia muito, a cada dia, com aquele homem de estatura baixa, de olhos vivazes, sorriso largo e palavras simples. Durante uma reunião, Durval falou sobre mediunidade. Antônio, então, passou a entender melhor as visões que o haviam acompanhado desde menino e tanto o afligiam, trazendo uma espécie de inquietação ao seu coração. Suas explicações, agora, traziam alegria e entendimento para o caboclo ignorante.

Certa noite, ao encerrar o encontro, o bondoso Durval repetiu com ênfase e emoção as palavras que Jesus havia proferido séculos atrás. A luz tremulante da vela que iluminava a pequena sala pareceu crescer aos olhos de Antônio. "Vinde a mim todos vós que vos sentis cansados e oprimidos e eu vos aliviarei. Tomai de mim o meu jugo, que é suave, e aprendei de mim, que sou manso e humilde de coração, e encontrareis alívio para vossas almas."

A semente que já criara raízes fortes no pretérito, junto a Josephine, a mãezinha adotiva, eclodiu finalmente, rompendo as derradeiras barreiras da terra endurecida e orgulhosa da alma do guerreiro romano de ontem, hoje, o humilde e miserável sertanejo.

Antônio explodiu em choro convulso! Jesus não era mais a imagem do ser crucificado, em meio ao altarzinho da velha e pequenina capelinha de Misericórdia. Jesus havia se libertado dos pesados grilhões dogmáticos do passado, impostos pela Igreja, e ainda no subconsciente de Antônio, quando reencarnou como Margareth.

Ele estava ali, diante daquele grupo de sertanejos, rudes e ignorantes, pés descalços, roupas rotas, reunidos em uma tapera, à luz de uma vela, sorrindo e de braços abertos. Mentalmente, repousou a cabeça em seu regaço; sentiu as mãos do divino pastor acariciando seus cabelos revoltos, e uma imensa paz, como jamais havia sentido em toda a sua vida, derramou-se sobre a sua alma.

A partir daquela noite, a certeza de que Deus não é injusto e que, ao contrário, é infinitamente bom e misericordioso; que as dores que flagelam o corpo e a alma do presente são frutos das nossas próprias atitudes do passado; que todos somos espíritos imortais, abraçou definitivamente a alma sertaneja. Foi lá, naquela casa simples e iluminada por uma vela, que Durval em nome de Deus abençoou a união de Antônio e Mariazinha.

Daquele dia em diante, Antônio agarrou o cabo da enxada como quem segura uma espada cintilante, revirando a terra com golpes firmes, semeando o feijão e o milho, arrancando das entranhas ressecadas a macaxeira que seria servida no jantar. Nunca mais pensou na jornada que um dia pretendera fazer para chegar à capital pernambucana. Se Antônio tinha imaginado encontrar a felicidade em plagas distantes, ele a tinha encontrado no meio do caminho, em uma vila pobre, quase miserável.

Os meses se passaram. Antônio agora voltava para casa no final do dia moído de tanto machucar a terra com a sua enxada. Olhava para o céu muito azul a cada instante, procurando uma nuvem, um sinal de chuva por mais pequenino que fosse. A seca era tão intensa naqueles meses que não havia um só lugar do sertão que conseguisse escapar ao seu abraço cruel.

O povo da Vila observava apreensivo o pequeno açude diminuir a cada dia e até, já se ouvia murmúrios de retirada, se a estiagem prosseguisse vergastando sem piedade a Vila do Sampaio.

CAPÍTULO 22

OLHAR COMPRIDO E TRISTONHO

INFELIZMENTE, A VILA DO Sampaio não conseguiu escapar do abraço impiedoso da dura e longa estiagem. Antônio, sem esmorecer, prossegue na batalha inglória contra a seca. Nesta guerra, sua espada ainda é a enxada que desfere golpes fortes e certeiros na terra que agoniza. Nos sulcos abertos, atira as sementes do feijão, do milho e da esperança.

Em tarde domingueira, Mariazinha após o serviço caseiro se esgueirou até a soleira da porta e nela se sentou. Olhar comprido e tristonho. Antônio já havia percebido a esposa arredia há mais de uma semana, todas as vezes que voltava do roçado. Comia pouco, pouco falava. O sorriso brejeiro, espontâneo, havia sumido. Antônio se sentou ao seu lado e perguntou com voz sussurrada, medo de espantar o silêncio em que a cabocla tinha se refugiado:

– O que você tem, Mariazinha? Tá doente?

– Deixe de bobagem, Tonho. Eu não tenho nada – respondeu com doçura.

– Tá de um jeito esquisito – insistiu. – Faz dias. Fala, meu anjo, o que tá te aperreando?

Ela olhou bem fundo nos olhos de Antônio, e, reclinando a cabeça no ombro forte e queimado pelo sol, murmurou:

– Tonho... Eu tô esperando um menino.

– Um filhinho!

Deus abençoando o imenso amor que os unia com uma criança...

E prosseguiu nas idealizações de alegria e de felicidade. Se menino homem, já o via, pés descalços, peito nu, correndo pela caatinga atrás dos passarinhos; se menina, terá certamente os olhos esverdeados e os cabelos encaracolados como os da mãe. Ele os pentearia com zelo e carinho, enfeitando com pequeninas tiaras trançadas de galhinhos tenros que abrigam florezinhas minúsculas da vegetação rasteira.

Uma sensação estranha, doida, espremeu o coração do caboclo. Sem conseguir definir, entender aquela emoção repentina que enxotava sem pedir licença a exclamação de alegria que nasceu e instantaneamente morreu por uma força desconhecida.

Não completamente desconhecida. A impressão é que já havia vivido e sentido, na carne e na alma, felicidade e angústia idênticas. Acariciou os cabelos encaracolados e a envolveu em um abraço e ali ficaram, os dois, até que o sol lentamente agonizasse no horizonte, desaparecendo por detrás da caatinga seca e avermelhada.

Daquele dia em diante, uma nuvem escura envolveu o céu de Antônio. O sol ardente que brilhava na alma do caboclo perdeu a luz. Um sentimento intenso, dolorido e intruso sufocava devagarzinho momentos que deveriam ser apenas de alegria. O guerreiro perdeu a vontade de lutar sem saber por quê. Já não tagarelavam tanto como antes, se buscavam, porém, as almas no olhar, em gestos como se quisessem ou pudessem desesperadamente agarrar o tempo e fazê-lo parar.

Em um destes entardeceres, em que contemplamos toda a glória do Criador, pinceladas de dourado-alaranjado se fundiam com o azul forte do céu, tecendo uma passarela de luz e cor. A lua surgiu, cheia, triunfante com seu séquito de estrelas radiosas, iluminando o céu do sertão. Antônio e Mariazinha deram-se as mãos e foram caminhar fora dos arredores da Vila. Ali, com os pés descalços sobre a terra ingrata, mas, acobertados por cenário divino, moléculas invisíveis aos olhos do homem, cintilavam e transfundiam de alma para alma em perfeita sintonia de consciências. Sem saber, Antônio e Mariazinha - no passado, Virna e Marcus Flávius - hauriam forças do amor que, havia séculos, os tinha unido, e que de encarnação em encarnação se sublimava, eternizando-se para todo o sempre.

Quando regressaram à tapera de dona Severina, Mariazinha, antes de dormir, desejou dar um beijo de boa noite à madrinha. Afastou o pano que servia como divisória entre os cômodos; a jovem se aproximou e, em meio à penumbra, curvou-se e depositou sobre a fronte marcada pelo tempo o ósculo de afeto e gratidão.

Entretanto, um susto a fez erguer o rosto rapidamente. O coração sacudiu forte no peito; havia sentido nos lábios o frio da morte. Chamou por Antônio, pedindo que trouxesse uma vela. A chama iluminou o rosto morto e sereno de Severina. Enquanto estiveram fora, a morte havia entrado na casa humilde, sorrateira, sem alarde.

Durval, sua esposa e mais alguns vizinhos acompanharam Antônio e Mariazinha no velório. Assim que amanheceu, a rede que servira de descanso para Severina, por anos a fio, sustentou mais uma vez o corpo cansado até o repouso derradeiro.

Antônio colocou na cova rasa uma pequena cruz feita com dois pedaços de galhos secos. Durval levantou aos céus uma prece, que fez rolar lágrimas dos olhos de Antônio, enquanto os de Mariazinha se iluminavam:

– Aqui, neste pedacinho de terra, apenas o corpo, a matéria. O espírito de minha querida madrinha se encontra distante. Amigos espirituais, familiares queridos e saudosos estão ao seu lado, envolvendo-a em abraços fraternos e vibrações de boas-vindas. Lá, onde se encontra agora, recuperando-se das lutas árduas desta caminhada, não lhe faltarão água que sacia a sede do corpo, tampouco a água que sacia a sede da alma.

Antônio, na manhã seguinte, quando ao lado de Mariazinha se preparava para tomar café com cuscuz, chorou a falta de dona Severina. Lembrou-se que ela o recebera de braços abertos. Não fazia ideia, confessou à esposa em prantos, o quanto gostava daquela senhora.

Lembrou-lhe o jeito de caminhar, arrastando a perna,

por conta do reumatismo, que pouco a pouco paralisava suas articulações. Lembrou-lhe o palavreado franco, olhos doces e abraço forte.

Mariazinha tentou confortá-lo:

– Tonho... Você esqueceu que o espírito é imortal? O que morre é o corpo. A madrinha está mais viva do que nunca, e com certeza haveremos de encontrá-la um dia. Há de estar vivendo agora em lugares ditosos, pois era uma alma boa...

E acrescentando, com um ar compenetrado:

– Você também está esquecendo as lições do senhor Durval sobre a imortalidade da alma?

Antônio sorriu, meio sem jeito, admirando a sabedoria e a serenidade de quem não tivera a oportunidade de estudar, assim como ele, que lia e escrevia com dificuldade.

Mariazinha parecia saber muito sobre a vida e sobre a morte. Apesar das explicações da esposa, a partida brusca de dona Severina sacudiu o subconsciente de Antônio. Naquela noite acordou assustado em meio à madrugada. O coração batendo doidamente dentro do peito. Não conseguia respirar direito. Uma angústia que espremia, sufocava; um pressentimento ruim que ele não atinava de onde vinha e por que vinha, afugentou o sono do caboclo, que rolou na esteira pelo resto da noite, sem conseguir conciliar o sono.

Os meses se passaram e nada havia mudado na Vila do Sampaio, nada tinha mudado no sertão. As nuvens chegavam num bando e logo se desfaziam, carregando com elas a oferta da chuva abençoada e a esperança do povo nordestino.

Antônio, quando ia até o açude buscar água, já encontrava dificuldades para conseguir uma vasilha em que ela não estivesse misturada com a lama. Era uma questão de tempo - refletia aflito e preocupado - para que o açude se transformasse em um vale lamacento.

Os esqueletos dos animais mortos espalhados pela caatinga eram o aviso do presente sombrio e prenúncio de um futuro tenebroso. Por várias vezes conversou com Mariazinha, tentando convencê-la a ir embora. Venderiam a casa, o roçado, por qualquer dinheiro, e com ele recomeçariam a vida na capital, longe de toda aquela secura. Ela recusava, alegando:

- As coisas vão melhorar logo, Tonho. A chuva vai chegar. Não vamos abandonar o que é nosso. Tenha fé, homem de Deus!

Grande parte dos moradores da Vila já havia partido, uns a pé, outros no pau de arara. Na construção de Brasília, no planalto central do País, os nordestinos tinham emprego garantido, com refeições e alojamento. Muitos escreviam de lá, animados com a nova vida.

Agora, com Mariazinha prestes a dar à luz, não havia mais tempo para a retirada. Seria loucura abandonar a Vila, ganhar a estrada. O lugar mais próximo ficava distante mais de cinco horas de viagem, e não era melhor do que a Vila. Não tinha água, não tinha médico. O jeito era ir ficando e esperando que a chuva chegasse e as coisas melhorassem.

Antônio, certa manhã, quando voltava do açude, trazia o pescoço doído de tanto olhar para o alto. As nuvens de um cinza-carregado se amontoavam umas por cima das outras.

– Teria o dono dos céus se apiedado daquela terra agonizante? – se perguntou.

Apressou os passos para dar a notícia a Mariazinha que não tinha passado bem durante a noite e não havia saído da rede por toda a manhã. Assim que Antônio entrou na tapera, escutou a voz da esposa:

– Tonho, nosso filho está chegando! Vai até a casa de dona Luzinete e pede para ela dar uma chegadinha até aqui.

Dona Luzinete era parteira da Vila. Suas mãos calejadas pelo tempo e pela vida, os cabelos quase totalmente brancos falavam da sua experiência. Já havia trazido ao mundo tantos meninos, que, como ela mesmo dizia com um sorriso no rosto, tinha perdido a conta.

Antônio deu graças a Deus por ela não ter partido no último pau de arara que havia passado por lá na semana anterior. Regressou em instantes, acompanhado da matrona, que se dirigiu para a rede onde Mariazinha estava deitada. Afagou carinhosamente seus cabelos e murmurou:

– Tá na hora, filha?

Mariazinha fez que sim, com a cabeça. Em seguida, dona Luzinete pediu a Antônio que ficasse do lado de fora. Ele olhou para a cabocla mais bonita que já vira nesta vida e sentiu uma sensação esquisita espremendo o seu peito. Parecia que ela estava se despedindo dele com o olhar, olhar sofrido e manso ao mesmo tempo.

Quando e onde havia contemplado aquele olhar, o mesmo olhar que sussurrava adeus em silêncio? E, novamente, a sensação esquisita e dolorida que esmagava o seu peito e dilacerava o coração. Então, a certeza de já tê-la sentido, de já tê-la vivido há muito, muito tempo atrás.

Sacudiu a cabeça com força como a espantar aquele pensamento absurdo. Sentou no tronco velho e seco, perto da casa, o mesmo em que ele e Mariazinha haviam se sentado para conversar na noite em que o pau de arara enguiçou na Vila. Ainda trazia as mãos sujas de terra da lida no roçado. Não tivera tempo de lavá-las. As horas se passaram, e ele esperando.

O dia acabou. O céu se encheu de estrelas. A brisa fresca trouxe a madrugada, e a madrugada trouxe o sol novamente, que surgiu lá nos confins do horizonte, anunciando com seus clarões avermelhados que o dia estava nascendo. O filho de Antônio também nasceu quieto, sem choro, roxinho. E, em seguida, Mariazinha, se esvaindo em sangue, acompanhou o filhinho que acabara de botar no mundo.

Antônio, assustado, não conseguia entender direito a tragédia que de um momento para o outro estraçalhava sua alma. Os olhos desmesurados, a boca seca. Sacudia a cabeça na tentativa infrutífera de afastar aquele mal-estar horrendo, aquele monstro que surgira sem saber de onde e que devorava suas entranhas sem piedade.

Havia sofrido muito quando o irmãozinho foi levado pelo sarampo. A dor de ver a mãe morrer não suportando as agruras da vida. Acompanhar a morte lenta do pai que se encharcava de alcoólicos, no desejo de seguir a esposa que partira.

A partida de Severina trouxera uma tristeza e uma

saudade imensa, mas aquilo que ele estava sentindo não tinha como descrever. Era tão grande, tão enorme, que sentia anseios de gritar, de berrar o seu sofrimento na esperança de Deus escutá-lo e afrouxar as garras malditas daquela dor que o esmagava sem piedade.

A voz de dona Luzinete veio de longe, muito longe:

– Conforma-te, filho, conforma-te. Foi vontade de Deus.

Não havia na voz qualquer sinal de amargura por não ter conseguido trazer vivo o seu filhinho, por não ter podido salvar Mariazinha. Apenas conformação. Afinal, refletiu Antônio, em meio à confusão que se estabelecera dentro da sua cabeça:

– É tão natural que as mulheres no sertão morressem ao dar à luz e que as crianças não sobrevivessem ao parto. Não havia enfermeira, médico, posto de saúde. Não havia nada, só miséria, a fome e a morte.

As senhoras Durvalina e Luzinete arrumaram Mariazinha e o menino. Foi um entre-e-sai que varou o dia. Até parecia festa. Antônio não se zangou. Sabia que sertanejo não se assusta com a morte. Mas se assusta com a vida que leva no sertão. Tem até cantoria nos velórios.

À tardinha, embrulhada na rede com o filhinho nos braços – parecia que estava dormindo –, Mariazinha foi carregada até o cemitério da Vila, lá para os lados da forquilha, uma árvore seca que teimava em ficar de pé com dois galhos compridos, como se fossem dois braços magros e abertos, estendidos para o céu, implorando a Deus um pouco de chuva.

Quando Antônio voltou do cemitério, as pernas

bambearam diante da porta da tapera. Faltou coragem para atravessar a soleira da porta. Sentou-se novamente sobre o tronco seco. Queria chorar. Os olhos estavam secos, como a sua terra natal, como a sua vida de agora em diante sem Mariazinha.

Estranhamente, não sentia revolta nem mágoa, apenas dor. Parecia uma peixeira[9] afiada que mãos invisíveis haviam enterrado no seu peito, sangrando, sem dó e piedade, a sua alma lá dentro. Também murmurou em voz alta: "É uma terra maldita, perdida neste mundão, escondida de Deus!"

- Não, Tonho! - era a voz de Durval, que vinha se aproximado sem que o rapaz percebesse. - Não é uma terra escondida de Deus.

Sentou-se ao lado de Antônio. E prosseguiu:

- Se Ele criou o Universo e todas as estrelas que brilham no céu; se criou o nosso planeta e todos os seres vivos que habitam nele, como não saberia da existência de uma pequenina Vila por mais distante que estivesse do resto do mundo?

Depois de alguns instantes de silêncio, prosseguiu:

- Lembra-se do nosso último encontro? Quando falamos a respeito de reencarnação e a lei de causa e efeito? Então, Antônio, nada nos acontece sem uma razão justa. Renascemos em corpos diferentes, habitamos lugares também diferentes. O espírito, entretanto, permanece, é o mesmo de outras vidas, de experiências passadas. A caminhada nos impulsiona sempre para frente, em busca da paz, da felicidade... Mas para que possamos

9. Faca usada para limpar peixes.

alcançar patamares mais elevados, carregamos em cada experiência terrena o dever de amenizar as imensas dívidas que trazemos do pretérito. A justiça, o amor e a misericórdia de Deus nos acompanham incessantemente nesta trajetória. É uma estrada cheia de vicissitudes; porém, é necessária na construção dos verdadeiros valores espirituais.

O bondoso senhor continuou, com os olhos brilhantes, inspirado por entidades invisíveis.

– O amor que uniu você e Mariazinha aqui nesta terra de miséria e aflição com certeza tem raízes no passado. A perseverança, a fé, a ausência de mágoas e revoltas; a empatia à dor do próximo que marcou a vida de vocês aqui na Vila, principalmente a de Mariazinha, há de se transformar em futuro próximo na iluminada coroa da glória reunindo suas almas para toda a eternidade.

Antônio não duvidou. Aquelas palavras vinham de fontes superiores. Então, tal qual um rio represado que rompe paredes de concreto e derrama sobre o leito seco suas águas caudalosas, o sertanejo explodiu em um pranto convulso que sacudiu o seu corpo e estremeceu sua alma.

Por algum tempo, o caboclo se entregou àquele mar de lágrimas. Durval aguardou pacientemente até que o desabafo que parecia vir das entranhas de Antônio fosse sossegando lentamente. Por fim, o coração sofrido e desesperado se aquietou, e Antônio, com o rosto molhado pelas lágrimas, como se fosse um menino amedrontado que busca proteção e carinho, inclinou a cabeça sobre o ombro amigo.

A lua, como uma enorme lâmpada, clareou o céu,

derramando sobre os telhados das pequenas e humildes taperas e o chão de terra, rastros de prata, atestando o quão maravilhosa e bela é a criação do Pai.

CAPÍTULO 23

Lugar de anjo é no Céu

Na manhã seguinte Antônio não foi para a roça. Ficou sentado na rede, olhar distante. Ao lado de Mariazinha se sentia um guerreiro, carregando com orgulho a sua enxada; trabalhando na terra ingrata desde que o sol nascia até que ele agonizasse no horizonte. Depois chegava à casa e se atirava nos braços da cabocla mais bonita que ele já vira nesta vida.

Dona Severina sorria, abençoando com olhar doce e cúmplice aquele amor que parecia maior do que a seca que não parava de maltratar o sertão. Antes do anoitecer saíam, aproveitando os últimos lampejos do entardecer, caatinga afora, para catar raízes. Arrancava as boas e as que não prestavam. Ela sorria das maneiras de Tonho, sorriso bonito, amoroso. Ele ia aprendendo, com o tempo. Estendia as mãos calejadas e sujas de terra e os olhos de Mariazinha brilhavam mais do que as estrelas do céu.

– Deus lhe pague Tonho! – e beijava as mãos sujas

antes que Antônio pudesse fazer qualquer movimento para afastá-las de tão sem jeito que ficava. Tentava disfarçar os olhos úmidos.

Com alegria no coração ele acompanhava a esposa no cozimento das ervas, por mais cansado que se sentisse. O povo da Vila confiava tanto nos chás feitos por Mariazinha que, por vezes, batiam à porta de Severina tarde da noite, procurando um lenitivo para a diarreia de Joãozinho, para a palpitação no coração do seu Belizário, para o catarro do Tiãozinho. Com um sorriso nos lábios, ela atendia todo mundo.

Também, pudera! Não existia ali, e nem distante da Vila, qualquer atendimento médico. O povo aprendia a se virar sozinho.

– Uma vez eu vi – falou Severina para Antônio – o seu Inácio e dona Laurinda gritando e chorando na minha porta. O menino no colo magro e mirrado mal havia completado um aninho. Os olhinhos revirando... Tinha mais ou menos uma semana que Mariazinha estava cuidando dele. Diarreia braba, Tonho. Ela saiu às pressas de dentro de casa e botando as mãos sobre o corpinho, olhou pro céu de um jeito que me fez arrepiar toda. Uma luz esbranquiçada saiu de suas mãos e entrou por dentro do umbiguinho do menino. Não demorou muito, ele abriu os olhinhos e danou a chorar, e eu chorei também, choro de emoção, choro de alegria, porque dona Laurinda tinha o filhinho de volta.

Antônio, lembrando desta história bonita, chorou de saudade e pensou com seus botões:

– Mariazinha era um anjo. E lugar de anjo é no céu, e não na Terra.

Algumas semanas se passaram. Antônio continuou a lida como se nada houvesse acontecido. Levantava antes de o sol nascer, passava um café fresquinho que tomava com um pedaço de cuscuz ou de macaxeira. Depois, agarrava a enxada e ia para o roçado trabalhar.

Voltava à tardinha, quando o sol ia morrendo no horizonte e dava trégua para a terra exaurida. Lavava-se com um pouquinho de água, jantava feijão, que tinha cozido na madrugada, com farinha, e se deitava na rede. A solidão e a saudade eram tamanhas, que parecia querer esmagar a alma do caboclo.

Uma noite, sonhou com Mariazinha. Uma Mariazinha diferente, com os cabelos dourados como os raios do sol e os olhos muito azuis como o céu do sertão. Não se espantou. Dentro do seu coração sabia que era a sua Mariazinha, mesmo quando o chamou de outro nome:

– Marcus Flávius! Meu amor... Tenha paciência e fé; em breve estaremos juntos para sempre.

Antônio acordou um tanto atordoado, mas, a sensação dentro do peito era de conforto, quase alegria.

Não faltava ânimo para as reuniões com seu Durval, apesar da saudade imensa que parecia devorar seu coração.

O açude da Vila continuava secando, e até Durval resolveu partir com a esposa. Em gesto generoso, e que refletia o carinho que sentia pelo caboclo, ou, quem sabe, deveria ser, naquele momento, um instrumento, a fim de que Antônio fosse, finalmente, ao encontro do seu destino, ofereceu-lhe o necessário para a passagem até Recife.

Lá, argumentou, tentando convencer Antônio, arrumaria um trabalho e devolveria o dinheiro emprestado, como pudesse. Afinal, não carecia de muito para chegar até a capital.

E arrematou dizendo, muito sério:

- Largue tudo para trás. Comece vida nova, longe de tanta penúria e miséria. Brasília, a capital federal, está contratando nossa gente... Quem está lá, diz que não quer voltar.

Antônio aceitou, com os olhos úmidos. A seca era tão devastadora que parecia engolir tudo ao seu redor: as plantações, os animais, a água do açude. Tudo definhava a olhos vistos. A paisagem era de desesperança e morte.

Na manhã seguinte, antes dos primeiros raios de sol, ele embarcou para Recife, em cima de um pau de arara.

CAPÍTULO 24

Retirantes

O PAU DE ARARA estava apinhado. De quando em quando, passavam por famílias inteiras, caminhando pela estrada seca e poeirenta, carregando filhos e trouxas. Seguiam a pé os que não possuíam o suficiente para pagar o caminhão.

Nesses encontros frequentes, a cantoria no pau de arara cessava, e um pesado silêncio cobria a multidão acotovelada na pequena carroceria, até que uma voz forte puxasse novamente o coro.

Homens, mulheres e crianças acompanhavam o canto de uma matrona, carregado no sotaque nordestino. Canto que, em rimas pausadas, falava da terra, falava da vida, das dores de um povo e da Santa Virgem. Era uma das piores secas que havia abraçado o sertão, deixando marcas profundas na terra e na alma daqueles que partiam.

Antônio, acomodado em um cantinho do caminhão,

esforçava-se em ajudar uma mulher com cinco filhos. A mais velha teria uns 10 anos, e o menorzinho talvez 1 ano, ou mais. Franzino, barriga estufada, ele lutava para arrancar das tetas murchas um pouco de leite. Não conseguia. Chorava de fome. O leite tinha secado, que nem a terra, que nem a vida do povo que se acotovelava em cima do pau de arara.

O marido, dizia a mulher, tinha partido havia quase um ano. Arranjara emprego, se estabelecera. Antônio ouvia a mulher tagarelar sem parar. Agora, mandara buscar a família. Um brilho, fugaz, de alegria, despontou nos olhos encovados. Depois, repartiu entre os filhos, umas espigas de milho que tirou de uma trouxa. Ofereceu a Antônio, que recusou. Disse estar sem fome. Colocou nas mãozinhas do bebê um pedaço. Ele resmungou, largou o pedaço da espiga e chorou. O choro do menino entrava e atravessava o coração de Antônio. Por fim, dormiu, de cansaço ou de fraqueza. E o pau de arara varava a estrada, levantava poeira, sacudia igual a um boi brabo, carregando gente, carregando miséria, carregando esperança.

Depois de quase dois dias de viagem, parando aqui, enguiçando acolá, chegaram finalmente a Recife. Tinoco, caboclo forte, até risonho diante das adversidades da vida, de uns 40 anos, se fez amigo de Antônio durante a viagem. Contou em palavras rápidas a sua história: já conhecia Recife - a voz mostrava orgulho -, "belezura de lugar".

Havia uns dez anos largara tudo. Não pela seca, mas a vontade de botar o pé no mundo, buscar uma vida melhor. Não conseguiu; faltou sorte, passou até fome e, quando a saudade apertou, voltou para o sertão, para a família. Foi ficando. Então, a seca chegou e braba, dizia ele, e foi a seca que o expulsou do sertão desta vez.

Mais experiente, aconselhou Antônio a não ficar na capital pernambucana e seguir viagem com ele para o Rio de Janeiro... No Planalto Central, Brasília já havia sido inaugurada, e agora os nordestinos estavam desempregados. Muitos estavam migrando agora para São Paulo e Rio de Janeiro.

Antes, porém, Tonico fazia questão que Antônio conhecesse o Capibaribe. Caminharam os dois tagarelando e, quando Antônio se deu conta, estava diante de um rio enorme, rolando por debaixo de uma ponte comprida. Sentiu um frio na barriga. Dava medo de tanta água correndo forte, sabe-se lá pra onde. Ficou distante, de olhos arregalados, cara de espanto, contemplando o rio da mureta. Tonico riu.

Antônio exclamou para o amigo, muito sério:

– Tanta água aqui e nenhuma no sertão. Por quê? Por que, Tonico?

O caboclo não respondeu, coçou a cabeça, instintivamente, olhou para o céu, nublado, cheinho de nuvens, anunciando chuva. Depois, murmurou baixinho:

– Ele sabe. Ele sabe, Tonho.

Antônio não conseguia desgrudar os olhos das águas barrentas e caudalosas do Capibaribe. Tinoco trouxe-o de volta à realidade, convidando-o a conhecer algo maior e mais impressionante do que aquele rio que deslizava velozmente sob seu olhar estatelado: o mar.

Caminharam até o ponto de ônibus mais próximo. Passados uns 30 minutos, chegaram a Boa Viagem, uma das praias mais bonitas da capital pernambucana. Tinoco tirou as sandálias e caminhou pela areia. Antônio acompanhou-o até sentir sob os pés, calejados da lida no roçado, as ondas que se desfaziam com ruído suave e agradável.

- Então? - perguntou Tinoco.

Antônio respondeu com semblante sério e compenetrado; olhos fixos no horizonte, onde o verde do mar termina e começa o azul do céu.

- É lindo por demais, Tinoco!

- Mas tu - reclamou o caboclo - não tá me parecendo tão deslumbrado diante dessa formosura toda.

- É que eu tenho uma sensação esquisita, forte, estranha - retrucou Antônio - de que não é a primeira vez que eu vejo o mar.

Acrescentou com firmeza:

- Eu tenho certeza que já estive nele em um grande barco. Quando? Onde? Isso eu não sei, Tinoco.

- Mas, como? Homem de Deus! Tá variando! Se você nasceu e viveu no sertão, que não tem água doce, que dirá salgada? - e explodiu numa gostosa gargalhada. E retomando o ar sério, falou:

- A conversa é boa, Tonho, mas tá na hora de ir embora. Daqui até a rodoviária é um pedaço. O ônibus pro Rio parte às 6 horas e meu estômago tá roncando de fome. Vamos andando que pertinho daqui tem alguns bares que servem um "PF", barato e gostoso.

- PF? O que isso quer dizer, Tinoco? - indagou Antônio.

– Prato feito, rapaz! – o tom de voz imprimiu ênfase à resposta, orgulhoso por saber coisas que o amigo desconhecia por completo.

Enquanto limpavam a areia dos pés e calçavam novamente as sandálias, indagou:

– E por falar em Niterói, Tonho... Você tem certeza de que não quer mesmo procurar esse tal de Durval, que prometeu te ajudar, caso resolva ficar aqui em Recife?

Antônio ficou pensativo, por alguns instantes. Depois, sacudiu a cabeça e falou com firmeza:

– Não! Não, Tonico. Não é só o sertão que eu quero deixar para trás. É também o Nordeste. Quero esquecer de vez essa terra de amarguras. Meu coração tá partido e seco igual caatinga. Sinto que bem longe daqui vou arrancar este desassossego que eu carrego dentro de mim, desde que perdi Mariazinha. O dinheiro que o senhor Durval me emprestou, eu juro que volto e pago até o último tostão.

Uma lua bonita e clara despontou no céu de Pernambuco, quando da rodoviária de Recife o ônibus deu partida rumo à antiga Guanabara[10].

Enquanto o ônibus deslizava pela estrada, o sono abraçou Tonico, que ressonava profundamente. Antônio, de olhos abertos, observava a penumbra pela janela. Seguia em direção a um mundo completamente desconhecido para ele. Tonho percebeu, engolfado nos seus pensamentos, a ausência do temor ou insegurança, ape-

10. Em 1975, desaparece o Estado da Guanabara, que é incorporado ao Estado do Rio de Janeiro. A cidade do Rio de Janeiro passa a ser então capital do novo Estado, no lugar de Niterói.

nas uma vontade enorme que brotava, lá dentro da sua alma, de chegar o mais breve possível ao seu destino.

O sol espantou a noite despontando com toda a sua glória. Antônio, que também havia sido vencido pelo cansaço e dormido a maior parte da viagem, abriu os olhos espantados aos primeiros lampejos do amanhecer e se apressou em acordar Tonico.

O ônibus havia estacionado em uma parada com banheiros e lanchonete. Desceram, esticaram as pernas, lavaram o rosto e se sentiram mais dispostos com o café com leite e o pão com manteiga que foi servido. Antônio sorria a cada mordida. Era a primeira vez na sua vida que comia pão quente com manteiga no café da manhã.

Embarcaram novamente ao chamado do motorista. As horas passavam lentas, arrastando o dia. Antônio se deslumbrava com a paisagem que pouco a pouco se transformava diante dos seus olhos. A vegetação rasteira, seca e escassa do Nordeste estava sendo substituída por pequenos arvoredos de verde intenso, que pareciam carregar nas folhagens deslumbrantes frescor e vida.

Antônio dormiu e sonhou: ele de joelhos, com lágrimas a escorrer pelo rosto, recitava um poema de palavras estranhas, quase desconhecidas para ele. Diante dele, uma mulher que, de tão linda, mais parecia um anjo descido do céu. As suas mãos estavam estendidas em sua direção.

Acordou assustado. O coração batendo forte no peito. Fez um enorme esforço para lembrar o nome que ele havia pronunciado no verso; o rosto da mulher que surgira em seu sonho. Não conseguiu.

Tonico, percebendo a inquietação do amigo, perguntou:

— Tá passando mal, Tonho? Tu tá branco que nem folha de papel!

– Cansado, Tinoco. Apenas cansado – respondeu.

– Então, vê se descansa um pouco, diacho!

Antônio fechou os olhos e, aos poucos, o sono voltou, de mansinho, sossegando a alma do caboclo que, inexoravelmente, viajava, sem saber, em direção ao seu destino.

Após dois dias de viagem, um pouco antes de chegarem aos seus destinos, o ônibus fez uma última parada, onde Antônio e Tonico, como os demais passageiros, aproveitaram para tomar um banho, arrancar a poeira e o cansaço com a água farta que saía dos chuveiros espalhados no interior dos banheiros, encantando o caboclo.

A roupa parecia tão suja e imprestável que os dois, entre risos, jogaram as peças na lata do lixo. Da trouxa que carregavam, tiraram a última peça de roupa, ou melhor, a única que haviam trazido além daquela do corpo. Depois de se vestirem, pentearam os cabelos e se olharam num velho e pequeno espelho sobre a pia.

Tonico exclamou:

– Tonho, quem haverá de negar trabalho a dois caboclos perfumosos como nós?

Voltaram entre risos às suas poltronas, cada um carregando, além do largo sorriso, as esperanças de uma vida melhor no Rio de Janeiro...

Quando enfim a viagem terminou e os dois desembarcaram na "cidade maravilhosa", um cartaz chamou a atenção de Antônio: "*Gran Circus* Norte-Americano! O maior e mais completo circo da América Latina."

– Veja, Tonico! Veja! É um circo! Um circo de verdade! Com palhaços, bichos…

Afoito, Antônio puxava o amigo pela manga da camisa para ver o cartaz mais de perto. As palavras saíam atropeladas:

– Tonico... Quando eu era menino e escutava alguém falando que já tinha assistido a um espetáculo, eu pensava comigo mesmo: o dia em que eu entrar em um circo, estarei realizando o maior sonho da minha vida!

– Eu já fui muito ao circo, Tonho, quando morei em Recife – as palavras eram de puro orgulho. – É bonito de encher os olhos. Agora, esquece o circo, que a gente tem que catar uma pensão baratinha lá pelo centro da cidade. Por sinal, você leu direito? Não é no Rio, mas em Niterói... Teremos de usar a balsa...

– Melhor ainda! Vamos andar de barco...

Tonico ficou ainda mais aturdido.

– Amanhã é segunda-feira e você tá lembrado que precisa tirar documentos? Não tem carteira de identidade e nem carteira de trabalho, só um papel amarelo e velho com o dia do seu batizado que o vigário da Vila deu para sua mãe. Só com isso você não consegue arranjar emprego... E mais ainda: você tem que primeiro tirar o seu retrato. Depois a chapa do pulmão...

Antônio arregalou os olhos:

– Então, aqui na capital, para você trabalhar, tem que tirar retrato e mais as tais carteiras que você falou?

– É isso mesmo, Tonho. As filas são enormes para

você conseguir tudo isso que eu te falei. Logo você se acostuma com a cidade grande...

– Lá no sertão, Tonico – falou muito sério –, para trabalhar é só ter disposição e uma enxó nas mãos. Levantar antes de o sol nascer, tomar café com cuscuz e ir pro roçado. Não é preciso esta papelada toda que você falou. Coçou a cabeça e voltou os olhos novamente para o cartaz colado na parede.

– Tudo bem, Tonico! Mas depois que a gente conseguir um lugarzinho para ficar, eu guardo aqui na cabeça o nome da rua e depois te encontro.

– Depois do quê, Tonho?

– É domingo, Tonico! – exclamou com um brilho estranho nos olhos. – É dia de espetáculo.

– Tá doido, homem! Gastar dinheiro que não tem? Não se esqueça que eu lhe emprestei um pouco do que tinha para você chegar até aqui...

– Tonico... – o olhar era de súplica. – Eu nunca vi um palhaço nesta vida. E os bichos! Tem elefante, leão... Assim que arrumar trabalho, eu lhe pago em dobro. Juro por Deus!

– Homem mais sem juízo! – exclamou Tonico, interrompendo as palavras de Antônio.

Após duas horas exaustivas de busca, conseguiram encontrar uma pensão quase miserável, perto do centro da cidade, onde poderiam se acomodar até que conseguissem trabalho.

Com o coração disparado, quase saindo de dentro do peito, Antônio, informando-se aqui e ali, caminhou em direção à Praça Expedicionário, localizada no centro de Niterói, onde fora armado o grande circo. Uma força que ele não conseguia explicar o arrastava. No peito um misto de ansiedade e quase pavor que ele atribuiu à mudança repentina da sua vida.

Próximo ao local, ele conseguiu contemplar a enorme lona alaranjada que majestosamente agasalhava o interior do circo.

Em meio ao enorme burburinho das famílias e das crianças ali reunidas em torno das carrocinhas de pipoca, de algodão doce e tantas outras guloseimas, Antônio mais se assemelhava a um menino. O espetáculo estava prestes a começar, e o caboclo, ainda meio zonzo com toda aquela algazarra, foi despertado daquele estado de contemplação. Entrou na fila da bilheteria, comprou o ingresso e entrou. Porém, assim que transpôs a entrada principal, voltou a sentir de forma muito forte os incômodos que de quando em quando o perseguiam durante a infância e a juventude. Uma espécie de pânico o envolveu, repentinamente, em um abraço asfixiante.

- Seria a multidão, o falatório alto, o lugar fechado? - perguntava-se.

Tudo era tão novo para ele, tão estranho. Um suor gelado escorria pelo rosto. Sentiu ímpetos de voltar; sair dali o mais rápido que suas pernas o permitissem. Com muito esforço procurou se acalmar, aquietar o coração... "Coisa mais sem sentido", Tonho pensava então consigo mesmo.

Restavam poucos lugares. Ele se acomodou na parte mais baixa da arquibancada. Era uma tarde de domingo do dia 17 de dezembro de 1961.

CAPÍTULO 25

ATÉ O ÚLTIMO CEITIL

ANTÔNIO NÃO CONSEGUIA DESVIAR os olhos do picadeiro; o pavor, que quase o afugentara de dentro do circo se desfez em meio à fascinação que o espetáculo circense desperta não apenas nas crianças, mas também na maioria dos adultos.

Deu gostosas gargalhadas, junto com a garotada, a cada peraltice dos palhaços; aplaudia com vigor e entusiasmo cada artista. Acompanhava com os pés o balanço da música alta e ritmada.

Finalmente, um pouco depois das 15 horas, quando a trapezista se preparava para a parte mais empolgante de todo o espetáculo, o salto mortal, uma labareda surgiu não se sabe de onde. Ao grito de "fogo!", formou-se um verdadeiro pandemônio no interior do circo que estava superlotado naquela tarde domingueira, a maioria por crianças.

As pessoas gritavam, corriam, atropelavam-se, caíam

umas por cima das outras. Antônio, sem conseguir atinar com o que estava acontecendo, a princípio, em meio ao tumulto que as circunstâncias impunham, esboçou tentativas infrutíferas de auxiliar as que se encontravam mais perto dele.

Sacudido então pelo instinto de sobrevivência, inerente a todo ser vivo, procurou desesperadamente a saída; idêntico propósito da multidão desvairada. Em meio a todo este dantesco e horrendo espetáculo, a lona gigantesca e incandescida desabou.

Antônio sentiu suas roupas se incendiarem. Seu grito de pavor se perdeu entre outros gritos de centenas de pessoas que queimavam vivas. Tombou de joelhos e atônito, em frações de segundos, diante das retinas queimadas, reviu cenas de vidas passadas: as atrocidades que havia praticado dentro e fora dos campos de batalha como centurião romano, no tempo dos Césares.

Com horror, reconheceu-se carregando dentro de um circo uma tocha acesa, que, com firmeza e determinação, incendiava uma a uma as cruzes onde cristãos se contorciam em indizível agonia. As labaredas alcançaram seus braços e seu rosto, e o grito pavoroso de dor sufocou na garganta.

De repente, já não sentia o corpo sendo consumido pelas chamas; uma sensação indescritível de refrigério envolveu-o da cabeça até os pés e ele se viu acima do que restava do circo carbonizado. Fora envolvido em um abraço luminoso que o libertou do corpo completamente queimado.

A figura de uma jovem, quase menina, surge diante dele. Thermutes, a irmãzinha que o abençoou com seu retorno ao campo de lutas terrenas, amenizando o vazio, a dor da saudade do passado. Contempla seu rostinho puro e doce, iluminado pela luz de uma chama, no interior de um sepulcro, ouvindo, emocionada, Pedro discorrer sobre o mestre Jesus. A terra generosa de um coração do recente pretérito recebia a preciosa semente do Evangelho do Cristo.

As visões se sucedem com rapidez vertiginosa. Josephine, a mãezinha adotiva que o tomou nos braços ao renascer na França e que neles o agasalhou, quando exalou o derradeiro suspiro de uma curta existência, cuja juventude foi sacrificada aos mais nobres ideais, aparece em meio à luz.

Em seguida, surgem no lugar do rosto de Josephine os olhos doces de Mariazinha; seu sorriso simplório, suas mãos calejadas de catar ervas, ao pôr do sol das tardes sertanejas. Com ele, partilha os infortúnios de haverem renascido em uma terra de fome, de desesperanças e de morte. Porém, principalmente, o júbilo de descobrirem, lá, em meio a tanto sofrimento e dor, através da doutrina espírita, a abençoada lei da reencarnação; a imortalidade do espírito.

A visão desaparece, e a luz azulácea brilha com mais intensidade. Nela surge então a figura adorada de Virna. Ela caminha, com dificuldade, e tem as mãos delicadas presas em pesadas correntes. Semblante exaurido pela fadiga e maus-tratos. O olhar, que parece refletir as águas cristalinas do mar, despido, entretanto de qualquer resquício de mágoa ou revolta pelas atrocidades da guerra, impostas pelos romanos.

Seus olhos se cruzam: ele, o centurião cruel e arrogante, que levaria séculos na construção de uma consciência acessível aos verdadeiros valores espirituais. Ela, entre centenas de homens, mulheres e crianças, o resultado dos ataques e conquistas, que engrandeciam e enriqueciam Roma. Carregava, sim, grilhões materiais e doloridos que lhe feriam as mãos e os pés, mas também um coração generoso e dócil, pronto para receber em próximas romagens terrenas os ensinamentos da luz do cristianismo que, em breve, haveria de iluminar o mundo.

Naquele instante, nascia um amor de dimensões inimagináveis. Atravessaria séculos, obedecendo à senda da evolução; renasceriam por diversas vezes. Faces diferentes, paisagens diversas; porém, objetivos idênticos, ou seja, a superação da libertação das ilusões transitórias e das paixões efêmeras, que uniria essas almas para todo o sempre.

Entre lágrimas e indescritível comoção, aninha-se nos braços do anjo mulher que o afasta daquele inferno terrível.

Sobre o local onde se erguera o *Gran Circus*, palco para o resgate de centenas de almas, as luzes se multiplicam no generoso auxílio aos desencarnados. Ali, também, a redenção de um espírito e o reencontro glorioso de duas almas: Marcus Flávius e Virna.

A voz doce, quase angelical, sussurra aos ouvidos de Marcus:

– Enfim, meu adorado Marcus Flávius, quitaste a dívida com a divina lei. Lugares nos aguardam, onde poderemos desfrutar um pouco da paz que o Mestre prometeu e que não pertence a este mundo. Não somos, agora, um homem e uma mulher, e sim uma só alma. Nosso amor através dos séculos, sublimado pelas provas terrenas, experiências doridas e valiosas na Terra, nos permitem a continuidade da jornada evolutiva em planos mais amenos. Entretanto, querido Marcus, nos encontramos, ainda, muito distantes das moradas de luz. O trabalho incessante e perene no aprimoramento de nossas consciências há de prosseguir, sempre, sob o guante generoso daquele que nos amparou e nos orientou a cada renascimento e que sustenta esta humanidade sofrida – Jesus.

FIM

VOCÊ PRECISA CONHECER

Superando a ansiedade

Eulália Bueno • Maria do Rosário del Pilar (espírito)
Autoajuda • 14x21 cm • 224pp.

"Se te foi permitido reprisar o passado, com a opção da melhoria, recorda que agora não somente vives o presente, mas também constróis, a cada passo, o sucesso ou a derrocada do teu amanhã."

Depressão, doença da alma – as causas espirituais da depressão

Francisco Cajazeiras
Autoajuda • 14x21 cm • 208pp.

Neste livro, o médico Francisco Cajazeiras procura responder perguntas e esclarecer dúvidas sobre a doença, mergulhando nas suas causas mais profundas – as espirituais –, sem misticismo e sem apelar para o sobrenatural, senão para a lógica e o raciocínio.

A difícil arte de perdoar

Elaine Aldrovandi
Autoajuda • 14x21 cm • 192pp.

Vamos aprender as "diferentes linguagens do perdão", e as "técnicas que nos auxiliam a perdoar os que nos ofenderam, libertando-nos das algemas da mágoa e do ressentimento". Além disso, Elaine Aldrovandi aborda a necessidade do perdão a si mesmo e ainda introduz a "oração do perdão".

VOCÊ PRECISA CONHECER

O amor pelos animais

Ricardo Orestes Forni

Estudo • 14x21 cm • 176pp.

Aborda o intrigante assunto da alma dos animais, com esclarecimentos valiosos sobre diversos temas relacionados, mostrando a grandeza da criação divina, onde tudo tem o objetivo de evoluir. Apresenta ainda exemplos tirados do relacionamento de pessoas como Chico Xavier e Cairbar Schutel com os animais.

Perda de pessoas amadas

Armando Falconi Filho

Autoajuda• 16x22,5 cm • 160pp.

Falconi nos ensina, neste livro, como devemos orar por nossos entes queridos, transmitindo a eles o nosso carinho e também a nossa saudade, porém uma saudade que reconforta e que confia que um dia poderemos nos reencontrar.

Doca e o menino

Wilson Garcia

Romance espírita • 14x21 cm • 176pp.

Esta é uma história cheia de ternura para ser lida com o coração, pois foi o coração que a escreveu com sensibilidade. O relato emocionado de uma vida difícil, porém vivida em sua plenitude, onde foram aproveitadas todas as oportunidades para crescer, sem esquecer os sonhos e as aspirações.

VOCÊ PRECISA CONHECER

A vingança do judeu

Vera Kryzhanovskaia • J. W. Rochester (espírito)
Romance mediúnico • 16x22,5 cm • 424pp.

O clássico romance de Rochester agora pela EME, com nova tradução, retrata em cativante história de amor e ódio, os terríveis fatos causados pelos preconceitos de raça, classe social e fortuna e mostra ao leitor a influência benéfica exercida pelo espiritismo sobre a sociedade.

Getúlio Vargas em dois mundos

Wanda A. Canutti • Eça de Queirós (espírito)
Romance mediúnico • 16x22,5 cm • 344pp.

Getúlio Vargas realmente suicidou-se? Como foi sua recepção no mundo espiritual? Qual o conteúdo da nova carta à nação, escrita após sua desencarnação? Saiba as respostas para estas e outras perguntas, agora em uma nova edição, com nova capa, novo formato e novo projeto gráfico.

Peça e receba - o Universo conspira a seu favor

José Lázaro Boberg
Autoajuda • 16x22,5 cm • 248pp.

Neste livro, José Lázaro Boberg vem demonstrar, narrando fatos reais, que é possível realizar qualquer sonho que seja realmente perseguido e trabalhado por aquele que deseja vê-lo tornar-se realidade.

Mas, também, nos adverte que isso é possível tanto para quem deseja o bem ardentemente quanto para aqueles que, equivocadamente, permanecem atrelados ao mal.

Não encontrando os livros da EME na livraria de sua preferência,
solicite o endereço de nosso distribuidor mais próximo de você através de
Fones: (19) 3491-7000 / 3491-5449
(claro) 9 9317-2800 (vivo) 9 9983-2575
E-mail: vendas@editoraeme.com.br – Site: www.editoraeme.com.br